大型中国传统文化有声读物

图说中国古琴丛书 4

潇湘情怀

An Illustrated Series on Chinese Guqin

刘晓睿——主编

古琴文献研究室——编

微信扫码听读书

广西美术出版社

潇湘水雲

主编
/刘晓睿

执行编委
/海月

特约编委
/曹家齐

策划
/吴寒

内容整理
/董家寺

执行主任
/海靖/陈永健

文案编辑
/陈晓粉/李晓爽

美编
/黄桂芳

绘图
/胡敏怡

播音
/肖鹏

古琴弹奏
/茅毅

顾问
/朱虹/孙刚

目录 / *contents*

前 言

中国古琴是世界上最古老的弹拨乐器之一，有着数千年的历史背景和文化积淀。古琴艺术在中国音乐史、美学史、社会文化史、思想史等方面都具有广泛影响，是中国古代精神文化影射在音乐方面的重要载体，在人类文明史中占据着一席之地。

2003年，中国古琴艺术被联合国教科文组织列入“人类口头和非物质遗产代表作”。2006年，国务院将古琴艺术列入“第一批国家级非物质文化遗产名录”。2017年，中共中央办公厅、国务院办公厅联合印发《关于实施中华优秀传统文化传承发展工程的意见》。推进中华优秀传统文化传承与发展，是对文化先进因素和优秀成分不断荟萃吸纳与凝结升华的过程。回归传统文化，就是要守住我们中华民族发展的根。

在这样的社会氛围下，近年来学习古琴的人越来越多，他们对琴学的追求也越来越迫切。这样的发展形势，也对古琴教学及古琴文化传播提出了更高的要求。琴曲背后的“文化”才是主导古琴历史文化传承发展的核心所在。

但是，要想相对贴切地将每一首琴曲的文化内涵表述出来，着实不易，这涉及庞杂的古琴学体系及丰富的历史文化知识。关于古琴学的体系，仅从文献整理的角度来看，在过去10年里，仅本书编者团队抢救整理的古琴历史文献就有220多部，琴曲数目（含同名琴曲）4300余首，若按不重名计，则有800多首，从古琴文献的规模来看，目前已经超越了前人的整理工作。大型中国传统文化有声读物《图说中国古琴丛书》就是基于此的最新研究成果。

《图说中国古琴丛书》计划出版数百册，“一书一曲”，力求尽可能全面地涉猎中国古琴的历史文献。每一册中有历史典故、琴曲赏析、曲谱源流、艺术表达分析等内容，从不同角度将一首古琴曲讲透彻。编撰过程中，最有价值的工作是编者投入无法估量的时间、精力，梳理曲谱中的原始文献记载，对比探究每一个谱本所载内容，对多个谱本进行注释分析，并结合人物传记等史料，全面深入地分析作者及琴曲，尽可能准确地挖掘琴曲的内涵。

在呈现形式上，《图说中国古琴丛书》的每一册皆是以一首古琴曲为核心，除了展现各种历史文献资料，还引入唐宋元明清的古琴古画素材，再加上视听新技术的运用，使阅读体验更丰富。这套丛书面世后，将解决古琴研习资料匮乏的问题。

作为当代古琴艺术发展的见证者和传播者，以及古琴文献的整理者和研究者，我们深感幸运与骄傲。坚定文化自信，推动中华优秀传统文化创造性转化、创新性发展——这是我们一切努力的出发点和落脚点。将修复古琴文脉的工程，纳入传承弘扬中华优秀传统文化的康庄大道，我们从未忘记肩上的这个使命与责任！

编者的话

整理资料的前数年是十分艰辛的，当时的团队只有寥寥三四个人，每个人每天都要做大量繁杂的工作，经常要忙到很晚才回家。我们的团队里有一对年轻的夫妻，他们俩都是山东人。男生是我大学时候形影不离的同学，女生也是好朋友。他俩在当时都有很好的工作，收入也较为可观，十分稳定。创业之初我便想到请他们过来帮忙，只因相距太远，就搁置了许久。五年后，因整理工作内容的迫切性和工作开展的多样性，我又想到了他们，没想到这一次，我刚一提一起整理古琴文献，他们便爽快地答应了。后来我才知道他们做这个决定其实是十分艰难的，特别是给双方父母做了大量的工作，尤其是女生的母亲当时还患有肝癌，且是晚期，横跨大半个中国来到深圳对他们来说也是需要极大勇气的。现在回忆起当时的情景，内心依然十分感激，感谢他们为古琴文献整理工作作出的奉献。在缺衣少食的情况下，小伙伴们默默坚持这么多年，在此表示感谢。感谢离队的小伙伴，感谢坚持的小伙伴，也期待未来遇见的小伙伴。

深圳是一座包容性十分强的超现代化的城市，处处都散发着人性的光辉。它不仅引进世界先进的技术和管理方法来发展经济，还用这些技术和经营理念来发掘整理中国传统文化，并使之升华。团队从刚开始的二十几平狭小的空间，到后来八十几平的两室一厅，再到二百多平的办公室，每一步都朝着更宽广的道路发展。从大量的古琴文献整理到《历代古琴文献汇编》系列图书、《中国古琴谱集》、《明精钞彩绘本：太古遗音》的出版，也取得了质的飞跃。

短短十年发展历程，我们尝试了诸多古琴新的传播模式，取得了一些阶段性的成果，也得到了诸多名家及同行的认可。近年来我的工作中心从前些年的文献整理转移到了出版工作上，耗费的精力及精细度又提高了一个层次，对我来说可谓又一项新领域的挑战。拿《图说中国古琴丛书》来说，这个系列书籍项目是在出版社大力支持下得以顺利启动的。从该项目启动到合作事宜的敲定都十分顺畅，甚至是一拍即合，很高兴有这样的合作伙伴，未来我们也还会有更多的系列丛书一起出版，实乃天下琴人之幸事。

而立之年的我，还能“折腾”，但愿我们的这种“折腾”能为古琴的发展打开一种新的局面，希望能承接20世纪中期查阜西先生整理的古琴文脉，帮助更多热爱古琴、学习古琴的人，此生足矣。

刘晓睿

2020年初夏

《潇湘情怀》概述

“潇湘”作为中国传统文学与艺术的创作母题之一，不仅存在于文学与绘画等作品之中，也影响了音乐作品的创作与表达，尤以琴曲《潇湘水云》为代表。

该曲在中国音乐史上也具有重要地位，被认为是南宋时郭沔所作的浙派琴曲。今所知最早著录此曲并作题解的是明代朱权的《神奇秘谱》，其中云：“是曲者，楚望先生郭沔所制。先生永嘉人，每欲望九嶷，为潇湘之云所蔽，以寓惓惓之意也。然水云之为曲，有悠扬自得之趣，水光云影之兴，更有满头风雨，一蓑江表，扁舟五湖之志。”

该著录亦是所见最早将《潇湘水云》作者定为郭沔者。《神奇秘谱》之后，继有数十种琴谱对《潇湘水云》进行著录，按《中国古琴谱集》所录二百余种古琴文献书籍中，据统计有超过六十部琴谱录有该曲。提及作者时亦多称是郭楚望，即郭沔；有题解者亦基本因袭《神奇秘谱》。如《浙音释字琴谱》《太音传习》《杏庄太音补遗》《琴苑心传全编》等，都与《神奇秘谱》相去无多。因此，《神奇秘谱》便成为后世解读《潇湘水云》的渊薮。

自清代开始，随着人们思想观念的进步及古琴文化的发展，琴曲《潇湘水云》衍生出一系列代表版本。其中颇具代表性的如徐上瀛的《大还阁琴谱》及周鲁封等汇纂的《五知斋琴谱》，影响了后续一大批琴谱。这些后出的琴谱除段落结构及弹琴手法出现变化外，在琴曲的理解及表达上也出现了一些变化及发展。

参以徐上瀛的《大还阁琴谱》后记：“其曲之妙，古音委宛，宽宏澹宕，恍若烟波缥缈，其水云声二段，轻音缓度，天趣盎然，不啻云水容与。”和《五知斋琴谱》题解：“宋郭楚望所作也。因泛沧浪，远望九疑，云水淹映，感慨系之。时值天中，阳气渐衰，蕤萎少和，故宾位于五月也，音清和畅。自三段至尾，皆本曲趣味，抑扬恬逸。自四至八段，全在两手灵活，如云水之奔腾，连而圆洁，方得曲之旨也。”并后记：“此曲云山叆叇，香雾空朦，怀高岚于胸臆，寄缠绵于溪云，一派融和春水，浓艳温柔，有情至而弥深者矣。低弹轻拂，真落花流水溶溶也。”这些题解与后记，与明代琴谱中的题解相比，都更加强调潇湘自然的美景。无论是恨别思归的拳拳之意，还是寄情于山水的渔隐之思，都或多或少地隐去了一些。

现今所演奏的《潇湘水云》主要有两个版本。吴景略先生打谱《五知斋琴谱》本和查阜西先生打谱《自远堂琴谱》本（简称吴版和查版），这两个版本风格较为迥异。当今著名琴家李祥霆曾专门述文对吴景略和查阜西两位大师的古琴演奏艺术分别做过论述分析。他描述吴景略先生的《潇湘水云》“极为豪放、奔腾动荡，激昂慷慨”，听之使人顿感满怀愤懑；他对查阜西先生的《潇湘水云》则评价说其体现出“鲜明的清远风貌”，并且“透着一种古朴之风”，听之似一幅清淡悠远的山水画呈现在眼前。

正是历代琴家在《潇湘水云》中赋予了不同的琴乐审美风格，才使其所蕴含的审美思想有了更深层次的理解。也正借助于这些理解，当我们回过头来重新聆听琴曲《潇湘水云》时，对其所承载的人文精神才真正有所体会。

凡 例

一、本书共计收录三个《潇湘水云》曲谱版本，分别为《神奇秘谱》谱本、《五知斋琴谱》谱本和《自远堂琴谱》谱本。

二、本书所收录的谱本仅供学者参究，并不表明谱本价值高低。

三、为了让读者更加有效快速地了解《潇湘水云》曲，本书注释内容和论述观点，部分内容含有个人理解，仅供参考。

四、因古文阅读顺序与现代略有差异，为了保持文献原貌，本书所录古书曲谱影印图片内容阅读顺序均为从上到下，由右至左，望读者知悉。

五、关于其他未录入本编的《潇湘水云》谱本，并非其不具价值，因篇幅有限，故暂未进行逐一录入。

六、关于曲谱所列录的典故或白话文翻译，仅以所收曲谱版本内容作为限定，其余诸谱或存有他说，暂未查明，请读者自行鉴之。

七、为了让读者便于弹奏《潇湘水云》，本编选取了当代琴家打谱的《潇湘水云》谱本。选取的打谱版本并不代表任何价值高低，仅供读者参考之用。

八、为了增加内容的趣味性，采用图文并茂的形式展现，书后并附有弹奏的《潇湘水云》现代曲谱和演奏音频二维码，供参考欣赏。

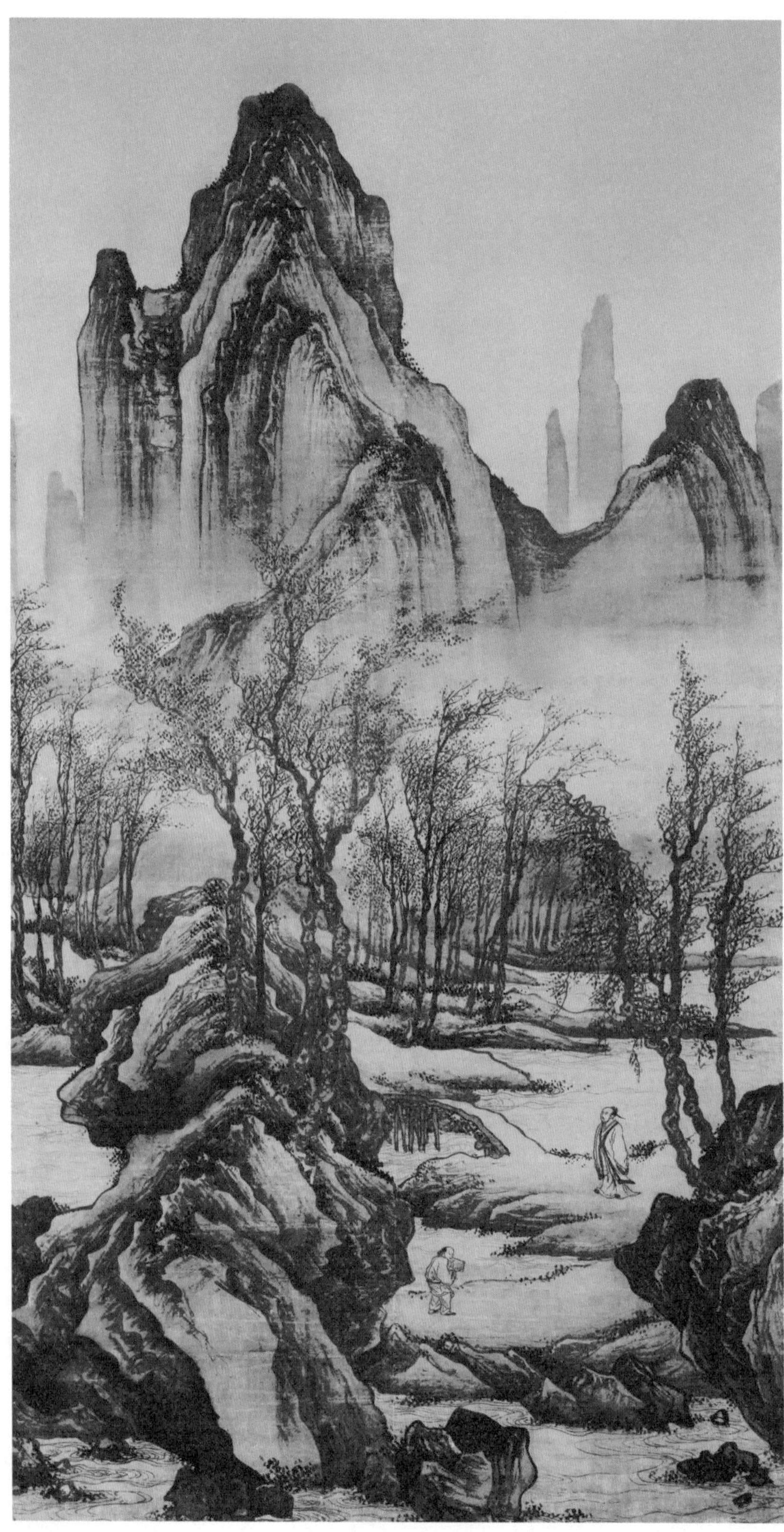

步溪图（临摹）
唐寅（明代）

微信扫码听读书

古代文人的潇湘情怀

南宋灭亡后，遗民精神和心结在文人中间表现十分突出，成为中国历史上颇具时代特征的文化与社会现象。这一精神和心结不仅表现在文人间的结社聚集和诗文酬唱之中，亦表现在琴曲的诠释和创作上。后世之学术研究，对后者则缺乏足够之关注，以至于对一些琴曲的诠释和演绎长久存在差误。

琴曲《潇湘水云》，应是以表达文人的潇湘情怀为主要意境，既描写和美自得的潇湘山水，又展露一定的幽思与孤独，与南宋文人对宋金局势或元军南下及朝政的忧虑似乎并无直接关联。其曲亦未必是郭沔所作，很可能是郭沔再传弟子徐天民所传的一首古曲。因与宋遗民汪元量有所关联，从元朝起，便有人赋予其新的理解与诠释，将此曲创作动机和思想内涵解释为“以寓惓惓之意”的遗民心结。明人朱权编《神奇秘谱》，将此观点著录于内，作为对《潇湘水云》之题解，遂使这一认识成为不易之说。后世不少琴人皆循此意诠释和演奏《潇湘水云》，而音乐史研究者亦多以此为前提，对《潇湘水云》及其作者郭沔进行论述。但因对相关历史背景缺乏足够了解，或从郭沔的生活经历出发，将此曲的创作背景与开禧北伐或元军南下等问题相联系，并在题解和演奏中演绎出一种具有国家、民族意识的忧郁和愤激情绪；或简单从山水风景角度理解其艺术魅力。可以看出，元代以后对《潇湘水云》作的题解，一直存在着曲解和牵强附会。

本编拟从辨析后世对《潇湘水云》及其作者的认识入手，究明学界和琴人对《潇湘水云》及其作者为郭沔的误解，并揭示琴曲《潇湘水云》的本初意境。

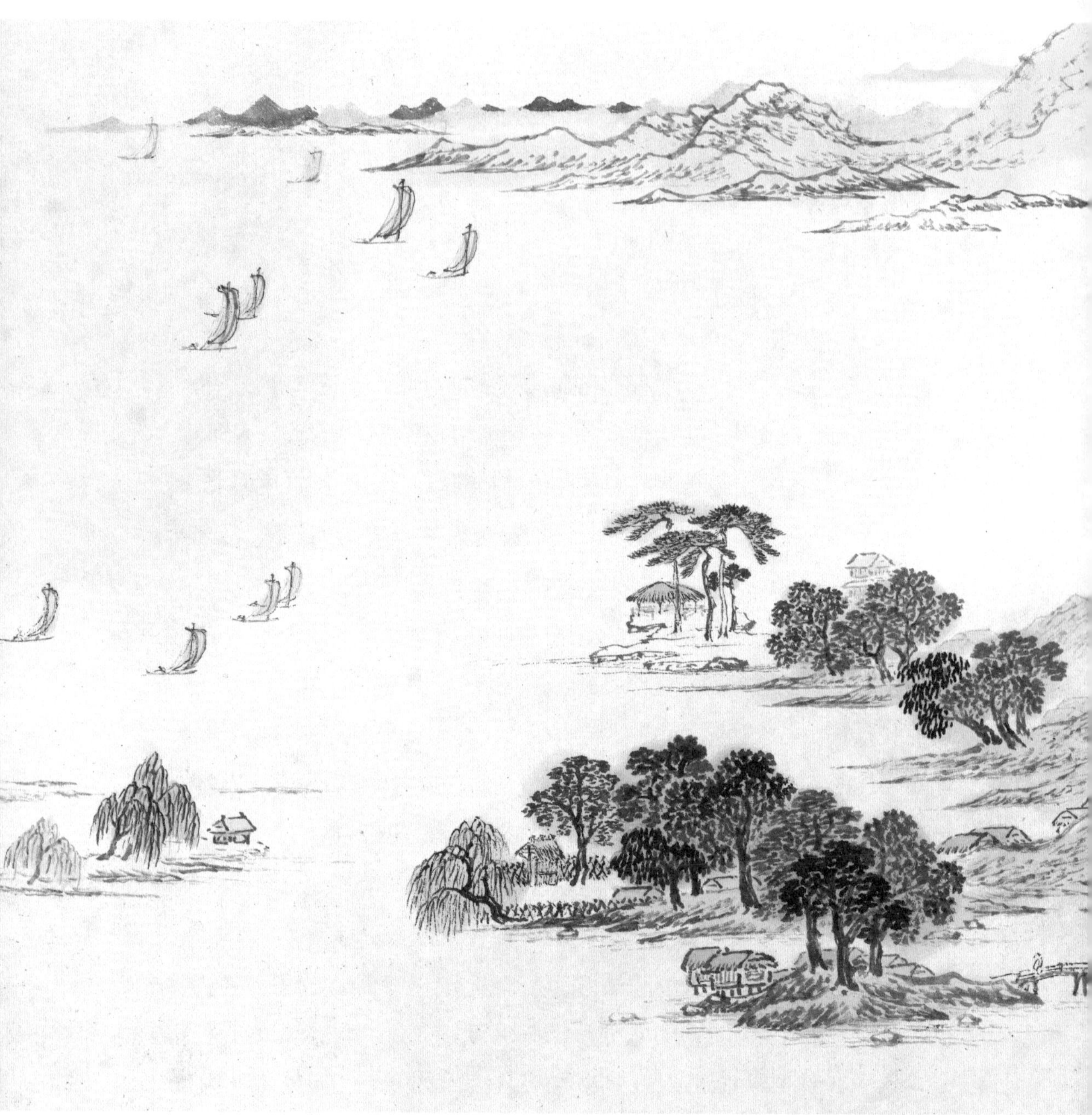

潇湘八景之一（临摹）
张复（明代）

一、郭沔生平及其与《潇湘水云》关系文献考

关于郭沔的生平，相关论著多有叙述。对其生卒年，或定为1190年前至1260年后[1]，或细考为1189—1262年[2]。前者多被学者沿用。[3]对其事迹叙述大致为：郭沔，字楚望，永嘉（今浙江温州）人（有人根据其名字认为其祖籍为湖北沔阳）。嘉泰、开禧年间（1201—1207）为张岩家清客。后张岩受韩侂胄北伐失败所累罢官。其时，张岩将韩侂胄的家传古谱和其他野谱，一并交与郭沔。郭氏移居湖南，过着隐居生活。他的代表作《潇湘水云》就是在这期间创作的。然而，细检相关史料，则可发现其中多有推测和想象的成分。

郭沔在史书中无传，现存历史文献中可见最早提及郭沔的是张岩之子张侃（1189—1259后[4]）的《张氏拙轩集》，其《跋拣词》称：

> 又《高山》《流水》，钟子期所作；《箜篌引》，霍里子高妻丽玉所作。今《流水》有《公无渡河》声。公无渡河，因渡河溺水，援箜篌而歌之。士友郭沔相与笑后人穿凿云。
>
> 又崇宁中，大乐阙徵调，议者请补之。丁仙现曰："音久亡，非乐工所能为，不可以妄意增。"蔡鲁公使次乐工为之，末音寄杀他调，召众工按试尚书省庭。仙现曰："曲甚好，只是落韵。"郭沔云："词中仄字，上、去二声可用平声，惟入声不可用上三声，用之，则不协律。近体如《好事近》《醉落魄》，只许押入声韵。[5]

接下来记及郭沔事迹的是宋末元初人俞德邻的《佩韦斋辑闻》，其中云：

---

[1] 杨荫浏：《中国古代音乐史稿》，人民音乐出版社，1981。
[2] 郑祖襄：《郭沔的生卒年与〈潇湘水云〉的创作年代》，《音乐研究》2010年第5期。
[3] 章华英：《宋代古琴音乐研究》，中华书局，2013。
[4] 段学俭、刘荣平：《张侃三考》，《文学遗产》2001年第1期。
[5] 张侃：《张氏拙轩集》，艺文印书馆，1955。

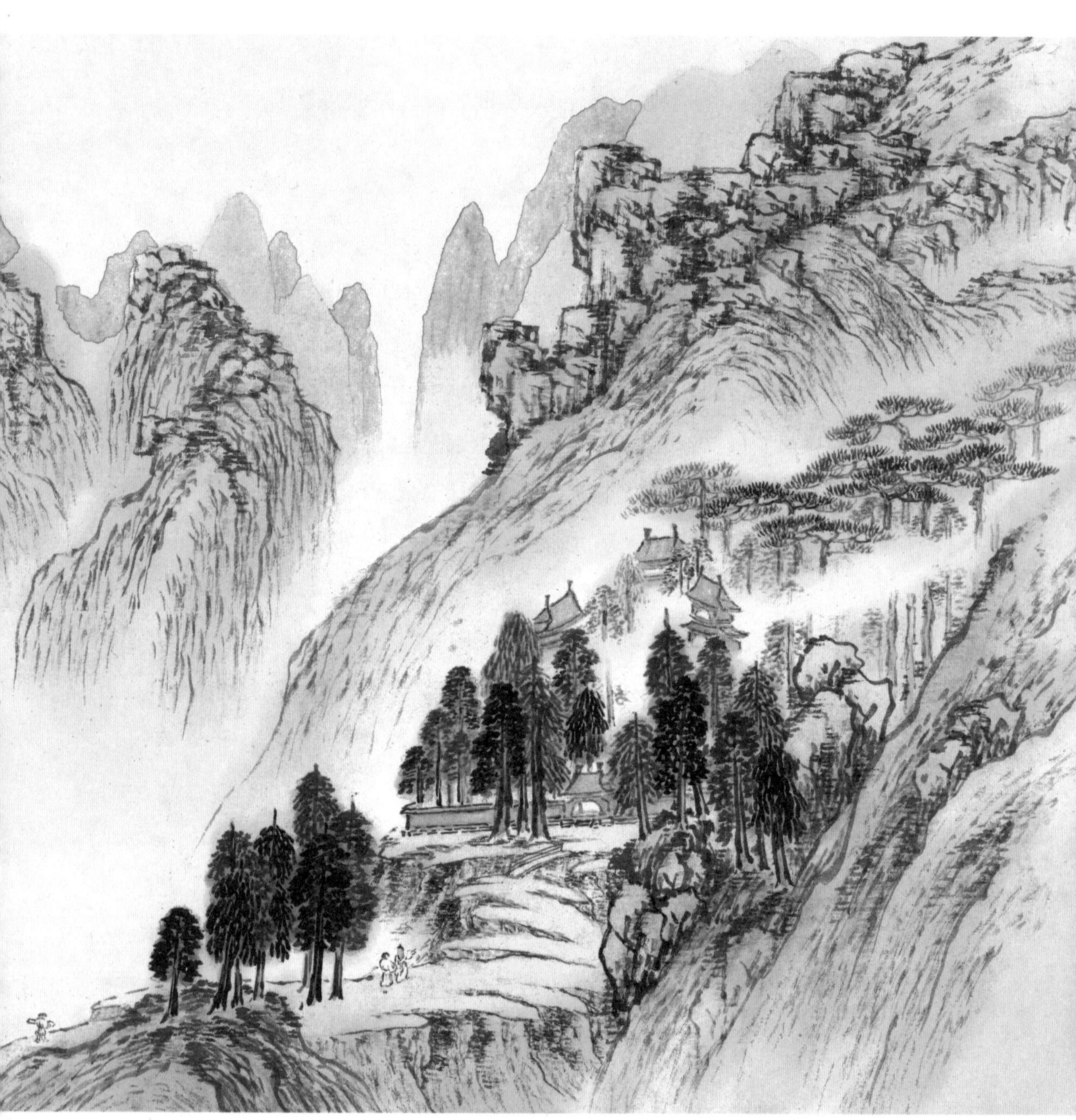

潇湘八景之二（临摹）
张复（明代）

《韩非子》载师旷鼓琴事，虽几于诞，然或者有之。余里人郭楚望，以善琴名淳、景间。一日，郡守资政赵公招饮雁浥阁，月夜鼓一再行，有物似鱼非鱼，跳跃于池中者数四。守怪之，莫测也。他日复鼓前操，复跳跃如故。明日，涸池水索之，得无射律琯，盖沈埋岁久，适鼓无射调，声应气求，故如此。然亦奇矣。[6]

再往后有较详细记述的就是袁桷的《清容居士集》，其中杂文类《琴述赠黄依然》云：

按广陵张氏名岩，字肖翁，嘉泰间为参预。居雪时，尝谓《阁谱》非雅声。于韩忠献家得古谱，复从互市密购，与韩相合，定为十五卷，将锓于梓。以预韩氏边议罢去，其客永嘉郭楚望独得之，复别为调曲，然大抵皆依蔡氏声为之者。楚望死，复以授刘志芳。志芳之传愈尊，而失其祖愈远。天民尝言："杨司农与敏仲少年时亦习江西。一日，敏仲由山中来，始弄楚望商调。司农惊且喜，复以金帛令天民受学志方。"故今《紫霞》独言刘、郭，而不言广陵张氏传授，皆杨氏与其客自私之蔽。[7]

《示罗道士》称：

近世通南北，谓吴中所习琴为《浙谱》，其咎在杨司农缵，讳其所自，谱首于嵇康《四弄》，韩忠献家有之。侂胄为平章，遂以传张参政。其客永嘉郭楚望，始绸绎之。今人不察，百喙莫以解，精于琴者始知之。[8]

《题徐天民草书》称：

甲申、乙酉间，余尝受琴于瓢翁，问谱所从来，乃出韩忠献家。盖通南北

[6] 俞德邻：《佩韦斋辑闻》，中华书局，1985。
[7] 袁桷：《袁桷集校注》，杨亮校注，中华书局，2012。
[8] 同上。

所传，皆《阁谱》。《宣和谱》北为《完颜谱》，南为《御前只应谱》，今《紫霞前谱》是也。《韩谱》湮废已久，东嘉郭楚望始绍其传，毛、杨、徐皆祖之。不知者咸称《浙谱》，由毛、杨自秘其传故耳。蔡氏《四弄》，嵇中散补之，其声无有雷同，孰谓浙人能之乎？

瓢翁酒酣好作草书，尝写前人悲愤之词。一日言："中散《广陵散》漫商，君臣道丧，深致意焉。至毛敏仲作《涂山》，专指徵调，而双弦不复转调，与嵇意合，非深知音者不能。"又曰："学琴当先本书传，俗韵自少，仲连得法于其子。"

余以作吏荒落，向尝作《琴述》，言历代所谱派系，因览先生遗墨，俯仰畴昔，今三十六年矣。延祐六年仲夏丁丑，越袁桷书。[9]

以上记载为迄今所见最早关于郭沔生平的全部文字，其余记述内容相同者，皆在此几种文献之后，应都是从这几种文献生发而来。若这几种文献记载不虚，相互印证、拼接，则可知郭沔即郭楚望，善琴，曾为张岩府上清客。张岩被罢后，郭沔从张岩处得其整理自韩侂胄家古谱之琴谱，并"以善琴名淳、景间"。其谱后传于刘志芳。刘志芳又教授给徐天民。杨缵又据此谱删润为《紫霞洞谱》。然其中既无郭沔生卒年的蛛丝马迹，亦无关于郭沔情怀的任何文字，更未述及郭沔创作《潇湘水云》一事。郭沔作《潇湘水云》仅见于明代朱权的《神奇秘谱》，显为孤证，不能不令人生疑。但后人对于郭沔生平及创作《潇湘水云》之事亦不无考论，故仍需加以分辨。

最早对郭沔生卒年进行判定的是杨荫浏的《中国古代音乐史稿》，他认为郭沔生在 1190 年前，卒于 1260 年后，年寿七十以上。这只是在相关记载基础上，根据情理对郭沔生卒时间作的一种估计。郑祖襄在此基础上对郭沔的籍贯、生卒年和创作《潇湘水云》的时间作了考证，其实仍是想象加推测，难以凭信。

现存史料给人们的信息，仍只是郭沔大致生活于南宋宁宗初至理宗末，不仅生卒年不可考，其行迹亦不可考。至于后人所认为的郭沔所作琴曲，在宋元之时唯见袁桷《述郭楚望〈步月〉〈秋雨〉琴调二首》诗题中言及《步月》和《秋

[9] 袁桷：《袁桷集校注》，杨亮校注，中华书局，2012。

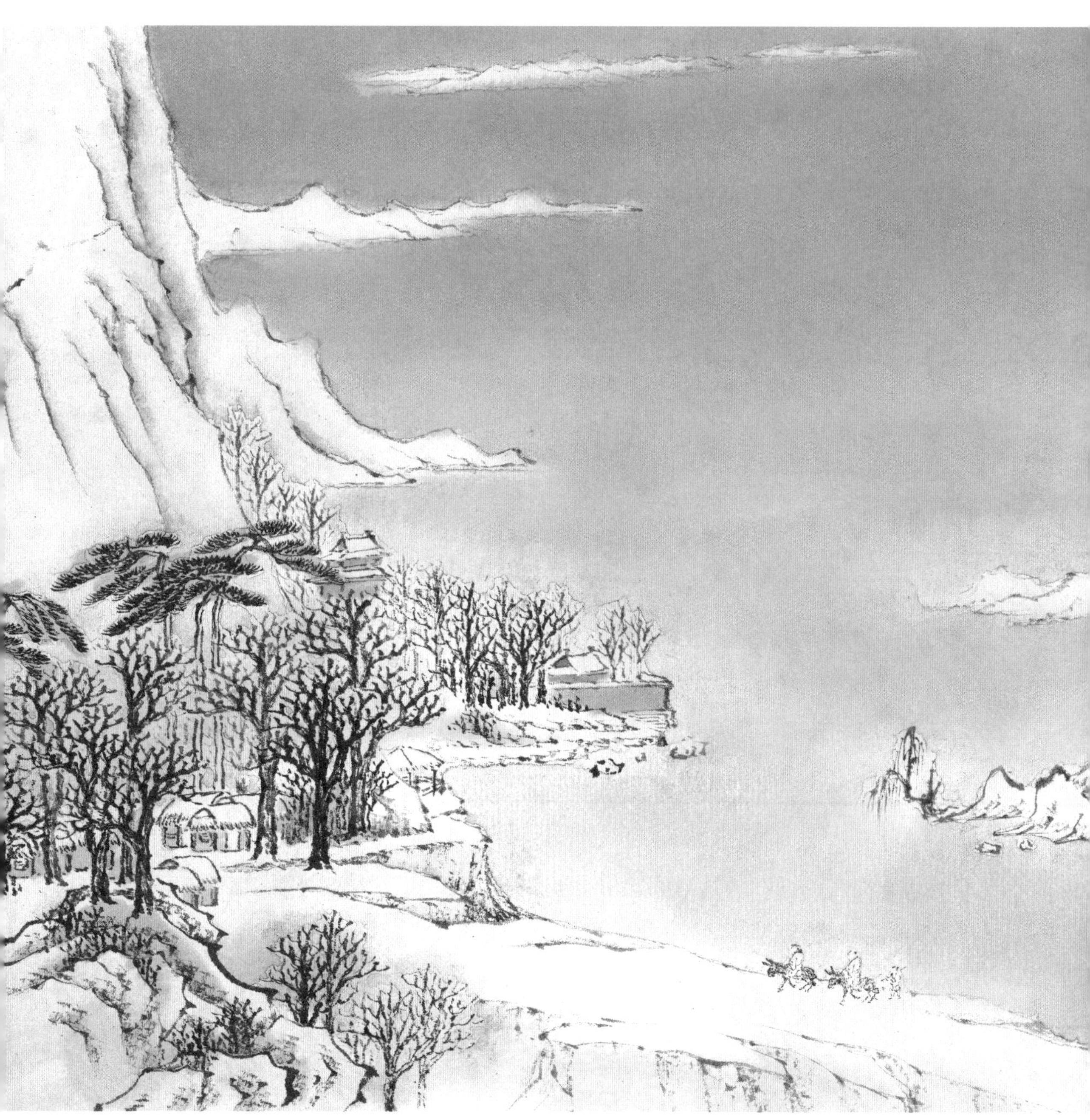

潇湘八景之三（临摹）
张复（明代）

雨》，而不见《潇湘水云》《泛沧浪》《飞鸣吟》《秋鸿》等曲，连郭沔是否到过潇湘都不可知，这不能不令人生疑。如果《潇湘水云》等曲，果为郭沔所作，且又非常富有情怀，为何在宋元时期述及郭沔及其琴名的文献中未有只字提及？当然，或许有的记载已经佚失不存，我们不能以默证否定事实之存在。但连与郭沔传人相熟的袁桷所写《琴述赠黄依然》等文字都未提及《潇湘水云》，不能不令人怀疑此曲是否为郭沔所作。

文献中最早可见《潇湘水云》曲名的是陶宗仪的《南村诗集》，其中《听琴行》叙述古琴形制和琴曲连成的故事及意境，有“潇湘水云千万顷”之句，但并未提及作者和曲子意境。查阜西先生《补元人咏郭沔诗》题记称：

昔曾偶见一本《辍耕录》，记元初黄某咏郭沔诗中有“蹈海不尊秦，入山惟望楚”“长怀拳拳情，环顾茫茫雾”诸句，久不能全忆。近读《元史》复按地志所称《韩谱》（湟）湮废之义，始知郭之南游乃仿韩侂胄、张岩之复。乃据史以补之。[10]

从中似可得知《辍耕录》（应是陶宗仪的《南村辍耕录》）中载有元初诗人黄某咏郭沔诗，当与《潇湘水云》相关。但查阅今存《南村辍耕录》各版本，均未见有相关诗句及郭沔、楚望等字眼；而在《全元诗》中亦未查到相关信息。题记中言“地志所称《韩谱》湮废”之事，应指（光绪）《永嘉县志》所记关于郭楚望事。其中称：“郭楚望（小注：袁桷《清容居士集》作永嘉人），以善琴名淳、景间，《韩谱》湮废，楚望始绍其传，毛敏仲、杨司农、徐天民皆祖之。”[11] 显是袭自《清容居士集》，并无新的内容。故今之可见，最早称《潇湘水云》作者为郭沔所作，并对其作题解的，就是朱权的《神奇秘谱》，后人多是沿袭，而少有讨论。琴家对此曲题解之演绎，亦完全是根据朱权题解中“先生永嘉人，每欲望九嶷，为潇湘之云所蔽，以寓惓惓之意也”之句发挥而来。

[10] 黄旭东、伊鸿书、程源敏、查克承：《查阜西琴学文萃》，中国美术学院出版社，1995。
[11]《永嘉县志》卷一八《艺术》，清光绪八年刻本。

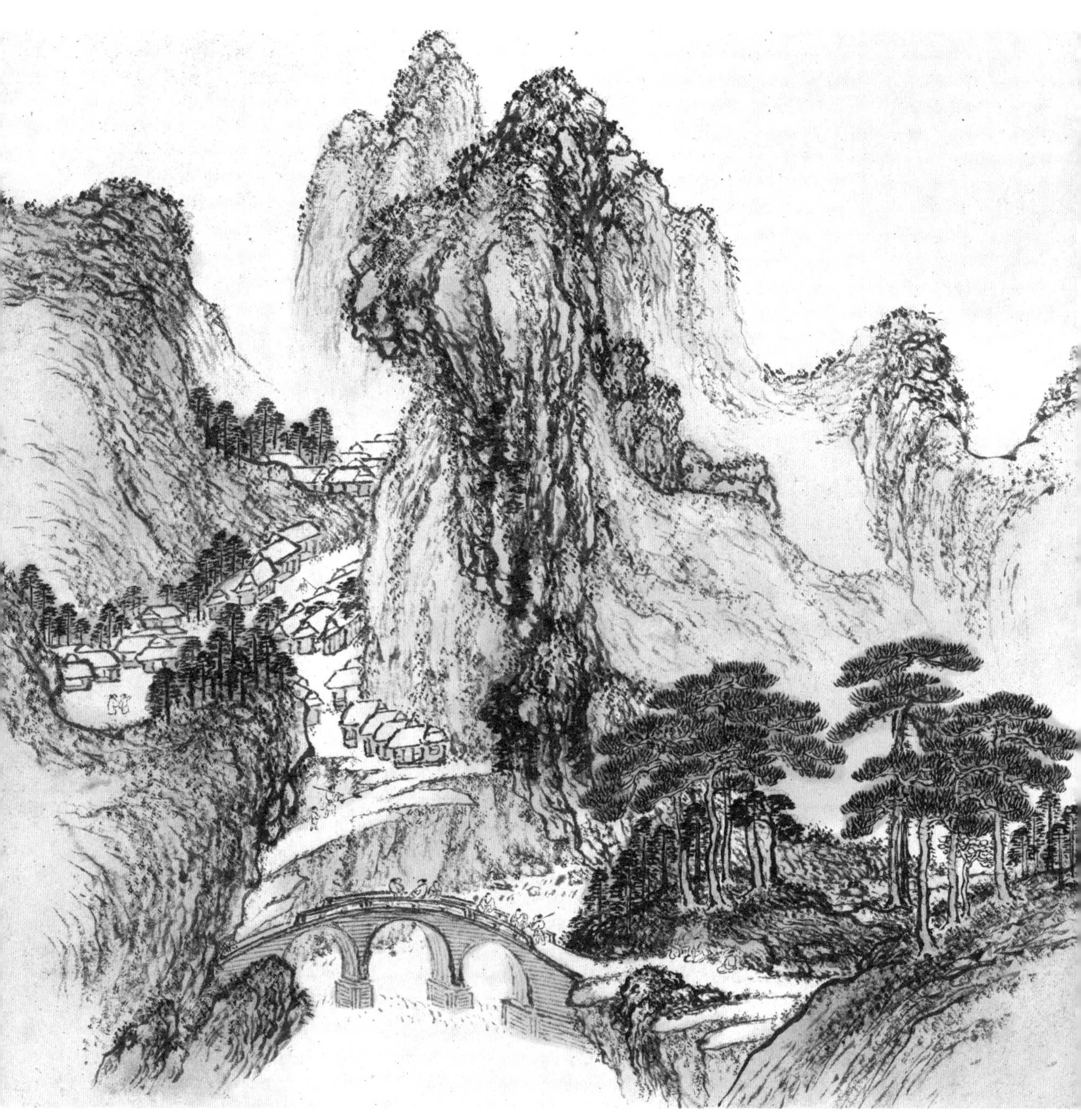

潇湘八景之四（临摹）
张复（明代）

因为“惓惓”确有忠心耿耿之意，[12]而“每欲望九嶷，为潇湘之云所蔽”，亦令人想象到郭沔移居湖南之情景。那么，若将郭沔的经历与南宋历史背景结合，《潇湘水云》题解中郭沔的“惓惓之意”能得到合理解释吗？

二、音乐史中《潇湘水云》创作历史背景之辨析

实际上，近人对于《神奇秘谱》关于《潇湘水云》题解的阐发，完全是站在近代以来的民族主义立场，并受爱国主义情感影响，对历史的主观诉求或曲解。郭沔所处的历史背景并不是后人所想象的那样。

有的音乐史学者大概受查阜西《补元人咏郭沔诗》题记中“复按地志所称《韩谱》湮废之义，始知郭之南游乃伤韩侂胄、张岩之复”一句及诗的内容之影响，将韩侂胄开禧北伐失败，南宋政府向金国献上韩侂胄的头颅，并与金签订和约为背景，作为郭沔隐居后创作《潇湘水云》的情感基础，实则是对当时历史背景未能真正了解，亦未能深究其实。

一般认为，开禧北伐正式开始的时间是开禧二年（1206）。而此前一次的宋金战争是绍兴三十一年（1161）至隆兴元年（1163）的完颜亮南征和张浚领导的北伐，此次战争以《隆兴和议》的签订（1164）宣告结束。之后，宋孝宗和虞允文为再次对金开战，进行了数年准备。但因内部军事、财政问题和朝臣的不支持，再加上金朝正处于世宗统治下的全盛时期，南宋亦无隙可乘，故在淳熙元年（1174）虞允文去世后，孝宗便失去了昔日的锐气，最终放弃了对金朝用兵的计划，而务求内政上的安定。从整个统治集团内部来说，维持现状几乎成为众人一致的意见。尽管有叶适、陈亮、辛弃疾等人多次上书，力陈收复失地之大计，但均未得到孝宗及整个朝廷的应和。光宗即位后，继续执行安静之政，宋金之间继续维持和平关系。[13]这样，到开禧北伐前夕，宋金之间已维持和平四十余年。朝野上下主流氛围内，收复失地已成为久远的记忆，维护安静无事的现存秩序是主流政治取向，

[12] 班固：《汉书》，中华书局，1962。
[13] 何忠礼、范立舟、徐吉军、葛金芳：《南宋全史》，上海古籍出版社，2016。

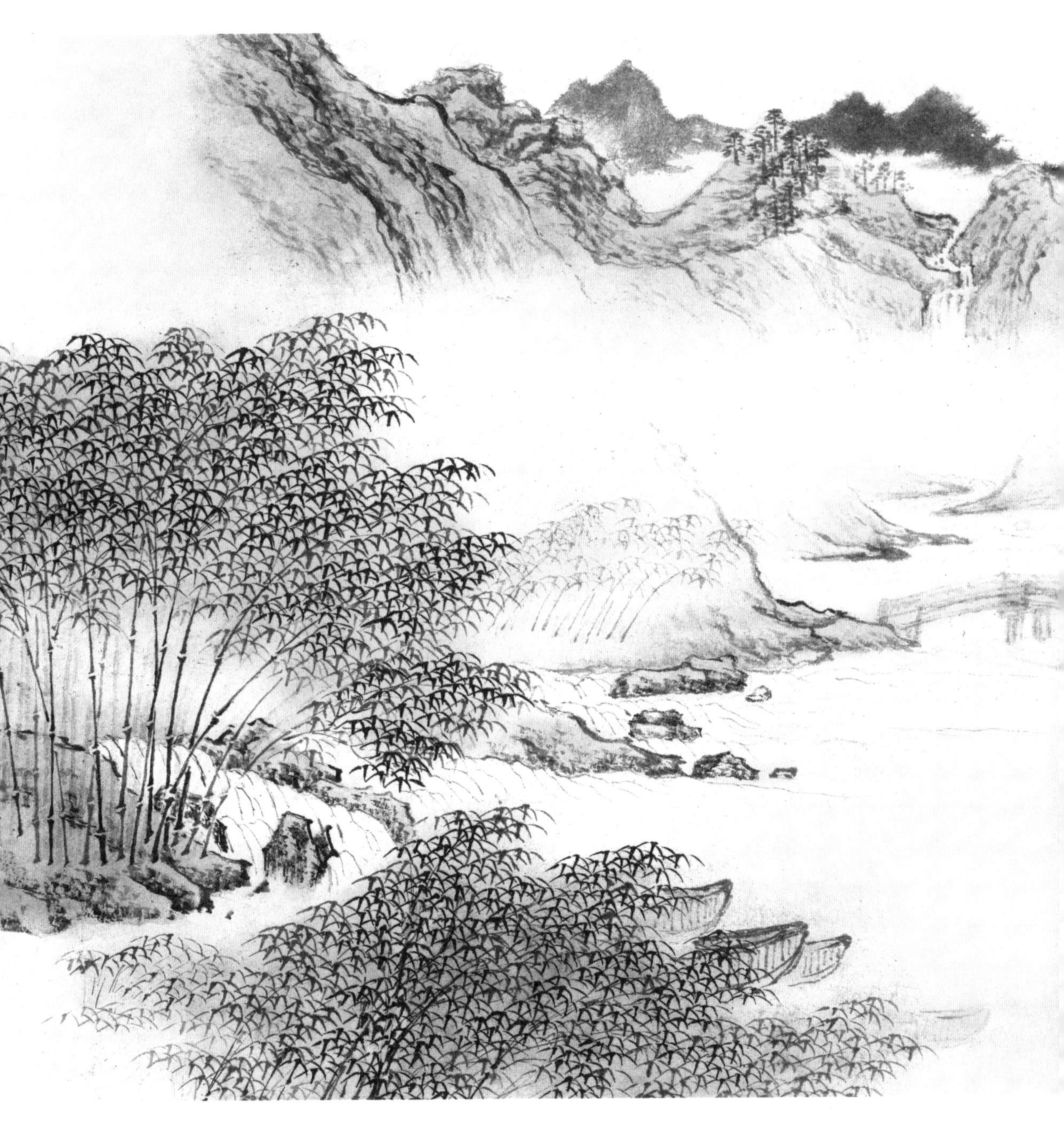

潇湘八景之五（临摹）
张复（明代）

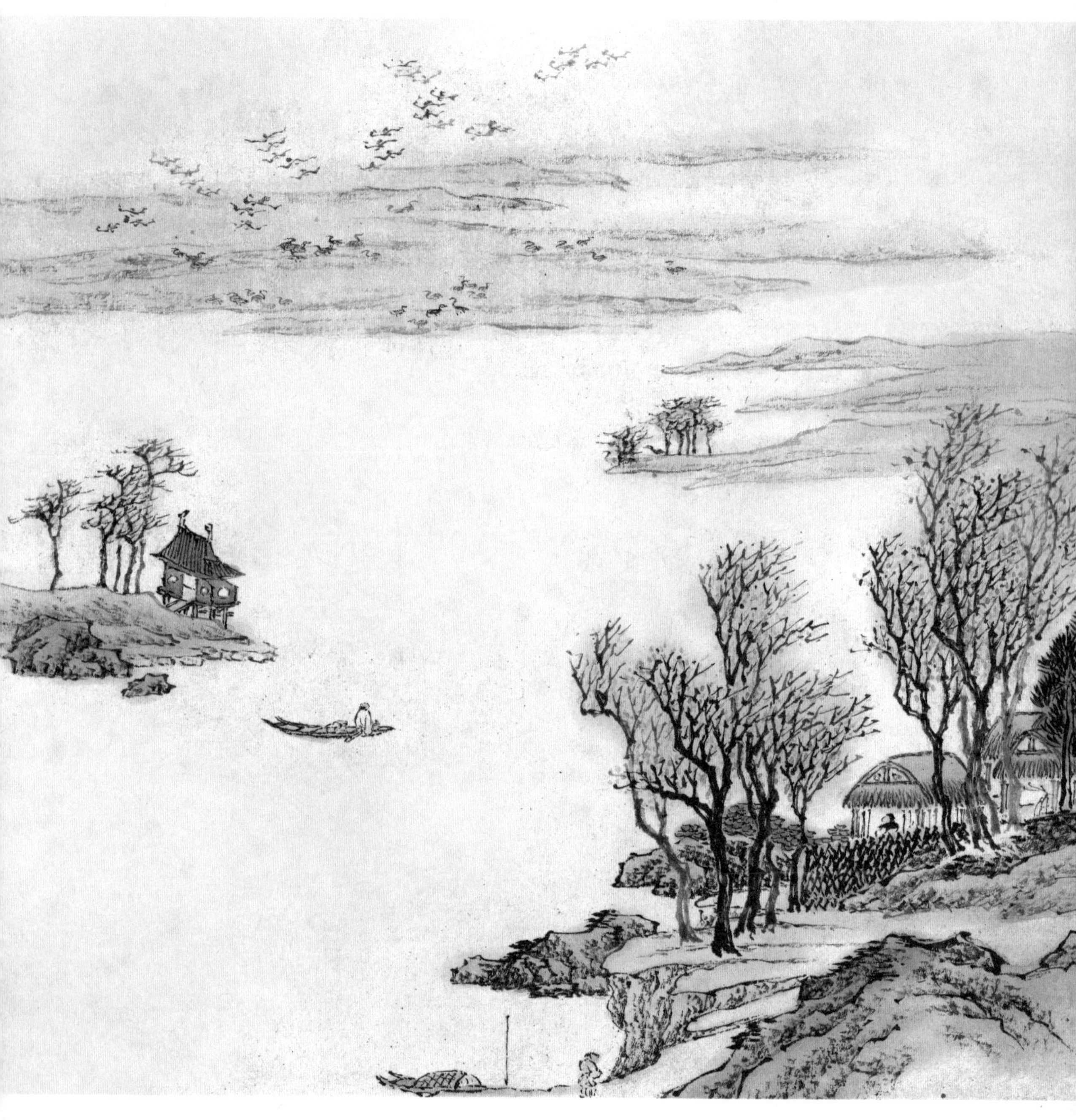

潇湘八景之六（临摹）
张复（明代）

倡言收复反而成为不合时宜之词。如庆元元年（1195），赵汝愚责授宁远军节度副使，永州安置，韩侂胄等官僚势力给他定的罪名便是“谋动干戈而未已，人孰无疑；……内欲擅移军帅，而结腹心之死党。外将生事戎夷，而开边境之衅端”[14]。由此可以想见，韩侂胄发动北伐，亦面临相当大的难度和阻力。实际上，韩侂胄自嘉泰元年（1201）就着手布置北伐，其中包括对道学的党禁有所松弛，以取得道学中人的支持，然而其做法并未得到朝廷官员的支持，“文臣无肯行者”。[15]之后，韩侂胄利用“立韩世忠庙于镇江府”，“追封岳飞为鄂王”，[16]并让亲信出使金国，向朝廷回报金遭蒙古攻击，中原百姓皆愿内附的消息，建议朝廷收复中原。而且又在开禧元年（1205）利用科举考试来提升宣传收复失地的声浪，还积极向金国挑衅，结果仍是在群臣的反对下再度中止。只因金朝的强烈反应，造成了宋金之间的紧张局势，才使韩侂胄出任平章军国重事，大权独揽，最终促成北伐。

如果说韩侂胄真是为了实现收复之志，或迎合群众夙愿，发动北伐，无论手段和结果如何，其精神和品格都值得赞颂，即便是如《宋史・韩侂胄传》中所说，怀有“立盖世功名以自固”的个人目的，亦无可厚非。但历史事实并非如此。据李超博士的最新研究，庆元六年（1200）发生的一系列人事与天象的变故，使得韩侂胄的擅权遭到了公开质疑和批评。特别是随着宁宗韩皇后的去世，来自后妃、宦官等内廷势力的威胁日趋严重，接二连三的大丧与天变，更让朝野舆论对韩侂胄主政的合理性产生怀疑。为摆脱困境，韩侂胄除策动宁宗下诏改元嘉泰之外，还必须作出更为切实的努力，此便是要名正言顺地控制朝廷大权，其中之核心在于完成由外戚向宰相身份的转变。由于当时三省、枢密院分立，韩侂胄无论是出任宰相还是枢密使，都会“事权不专”，故引北宋文彦博例，力图出任平章军国重事。但宰相谢深甫等人的反对与阻挠，使韩侂胄利用政治手段谋求这一职位的努力失败，韩侂胄便只好另寻他途，此便是北伐。亦即是说，韩侂胄发动北伐的目的并非收取失地，而是攫取大权。按理说，开禧元年韩侂胄出任平章军国重事后，其目的已经达到，没有必要再发动北伐。但当时的形

[14] 徐自明：《宋宰辅编年录校补》，王瑞来校补，中华书局，1986。

[15] 李心传：《建炎以来朝野杂记》乙集卷九《嘉泰开边事》，徐规点校，中华书局，2000。

[16] 脱脱等：《宋史》卷三八《宁宗纪》，中华书局，1985。

势让韩侂胄感到，仅仅出任平章一职，尚不能完全巩固其在朝中的地位，何况在他发动北伐的过程中，在他周围业已聚集了一批热衷于收复失地的支持者。而韩侂胄亦显然感到金国国力已衰，有机可乘，故仍是于开禧二年正式伐金。[17]此论通过大量史料分析而成，甚有说服力。

李超博士对韩侂胄北伐的过程及韩侂胄的死因亦同样作了深入细致的研究。通过对宋金双方分别留下的史料进行比对和分析，清晰显示，北伐开始后，先是南宋军展开攻势，受挫后，韩侂胄迅速命令南宋军撤回境内，专意防守，并立即着手与金议和。和谈中，金方虽然提出割地、称臣、缚送首谋、增加岁币、归还俘掠等条件，但每一项都留有讨价还价的余地，而且亦没有坚持将韩侂胄视作首谋，而是默认了南宋方面以苏师旦、邓友龙等为替罪羊的做法。至开禧三年（1207）下半年，宋金双方已经就和议内容达成共识，紧张局势业已缓解，战争正式结束已然在望。然而就在此时，与韩侂胄之间的矛盾难以调和的杨皇后却联合史弥远发动政变，将韩侂胄诛杀。为了给这场罕见的政变寻找合法性，杨皇后、史弥远等人不仅对韩侂胄的许多行为进行了有意识的曲解，甚至无中生有地捏造了一些事实，让世人误以为当时金朝真的以韩侂胄的首级作为谈判的先决条件，从而迫使韩侂胄无奈之下，不顾社稷安危，执意再度用兵。而自己作为主和一方为了保全宋室江山，拯救生灵，不得已采取激烈的方式，诛杀元凶。如此，将一场围绕权力的角逐，塑造成了主和派与主战派之间的交锋，从而成就了韩侂胄主战派的形象，长期影响到后人的认识和判断。从整个北伐的实际过程来看，韩侂胄先是通过突然袭击的方式发动北伐，甫一受挫就立即选择退缩，并大肆惩治参与主战的官员和将帅，以推卸责任。同时积极着手谋求和议，他求和的意愿丝毫不亚于向来被视作“主和派”或“投降派”的史弥远。后来史弥远等与金朝达成的《嘉定和议》，几乎全部条款都是在韩侂胄手上议定的，唯一的区别就是加上了韩侂胄的头颅。[18]

关于郭沔侍奉的主人张岩和韩侂胄的关系，《宋史·张岩传》称“（张岩）

[17] 李超：《韩侂胄的困境与北伐》，中山大学博士学位论文，载《南宋宁宗朝前期政治研究》，上海古籍出版社，2019。
[18] 同 17。

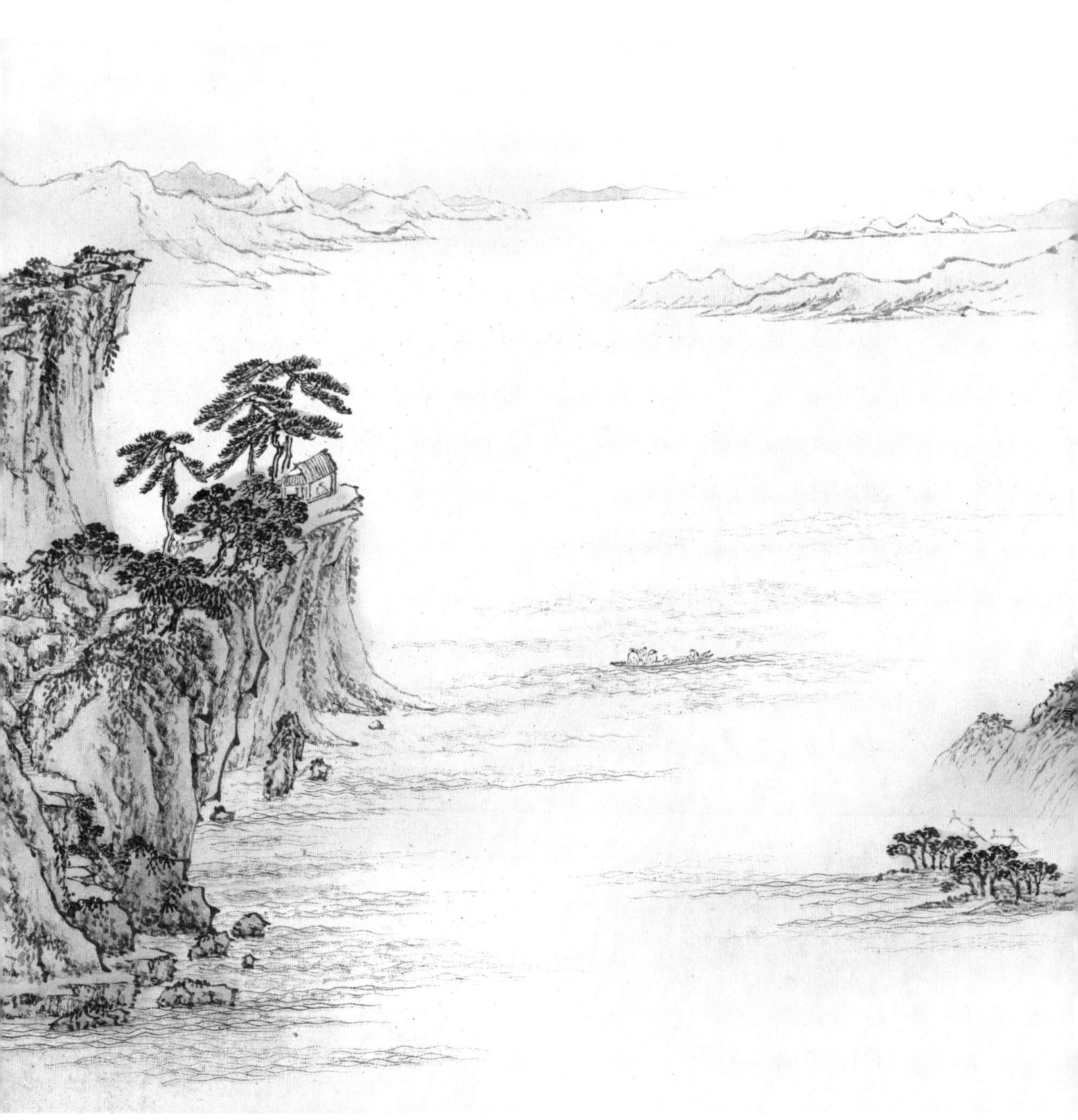

潇湘八景之七（临摹）
张复（明代）

与张釜、陈自强、刘三杰、程松等阿附时相韩侂胄，诬逐当时贤者，严道学之禁”，“程松、陈谦、张岩诬谀之徒，何足算哉！”[19] 这自然是受道学家立场影响的主观评价。但不管怎样，在韩侂胄专权期间，张岩是其支持者或追随者则是无疑的。如嘉泰三年（1203）韩侂胄第一次图谋北伐时，张岩就以参知政事的身份出帅淮东；[20] 开禧元年，又在宰相陈自强的率领下共同上章乞命韩侂胄兼领平章事；[21] 开禧二年迁知枢密院事，次年又除督视江淮军马。“见和议反复，乃言不知兵，固求去。”[22] 其从韩侂胄家得到琴谱，不知以何方式。若是韩侂胄私相赠送，则二人应有不错之私交。但从“见和议反复，乃言不知兵，固求去”和“宁宗谓兵衅方开，岩尝言其不可”来看，张岩对于韩侂胄发动的北伐并不是非常支持。张岩的政治态度及其与韩侂胄的关系，多大程度上能影响到作为清客的郭沔则无从得知。从常理上看，郭沔在张岩家里做清客，应该能从张岩家里听闻到朝廷内的真实状况和张岩的基本态度，并了解当时朝野的氛围，不太可能对北伐失利、韩侂胄被杀耿耿于怀，挥之不去，而将此情怀诉诸琴曲。即便郭沔当时是一个受到鼓动积极支持北伐的热血青年，在韩侂胄被杀、张岩被夺官后的日子里，亦应能渐渐了解真相。因为韩侂胄北伐的动机在当时并不是秘密。如理宗端平初魏了翁上《应诏封事》中就曾说道：

> 庆元初，侂胄尝欲自为枢密，或告以事权不专，反不若辞名居实，则无不统。……韩侂胄既盗威柄，出入禁中，自恭淑皇后上仙，虑其不能以久，则为开边之说以自固。[23]

而且，若张岩在被夺官而闲居时还留郭沔在府中，亦多少会向其透露实情。更何况韩侂胄被杀后，史弥远长期当政，对韩侂胄当政时期的记载进行了有意识的修改，对韩侂胄的形象和地位尽可能地贬低。加之韩侂胄制造了“庆元党禁”，

---

[19] 脱脱等：《宋史》卷三九六《张岩传》，中华书局，1985。
[20] 李心传：《建炎以来朝野杂记》乙集卷九《嘉泰开边事》，徐规点校，中华书局，2000。
[21] 李心传：《建炎以来朝野杂记》乙集卷一八《丙寅淮汉蜀口用兵事目》，徐规点校，中华书局，2000。
[22] 脱脱等：《宋史》卷三九六《张岩传》，中华书局，1985。
[23] 魏了翁：《鹤山先生大全集》卷一八《应诏封事》，上海商务印书馆缩印嘉业堂藏宋刊本，1921。

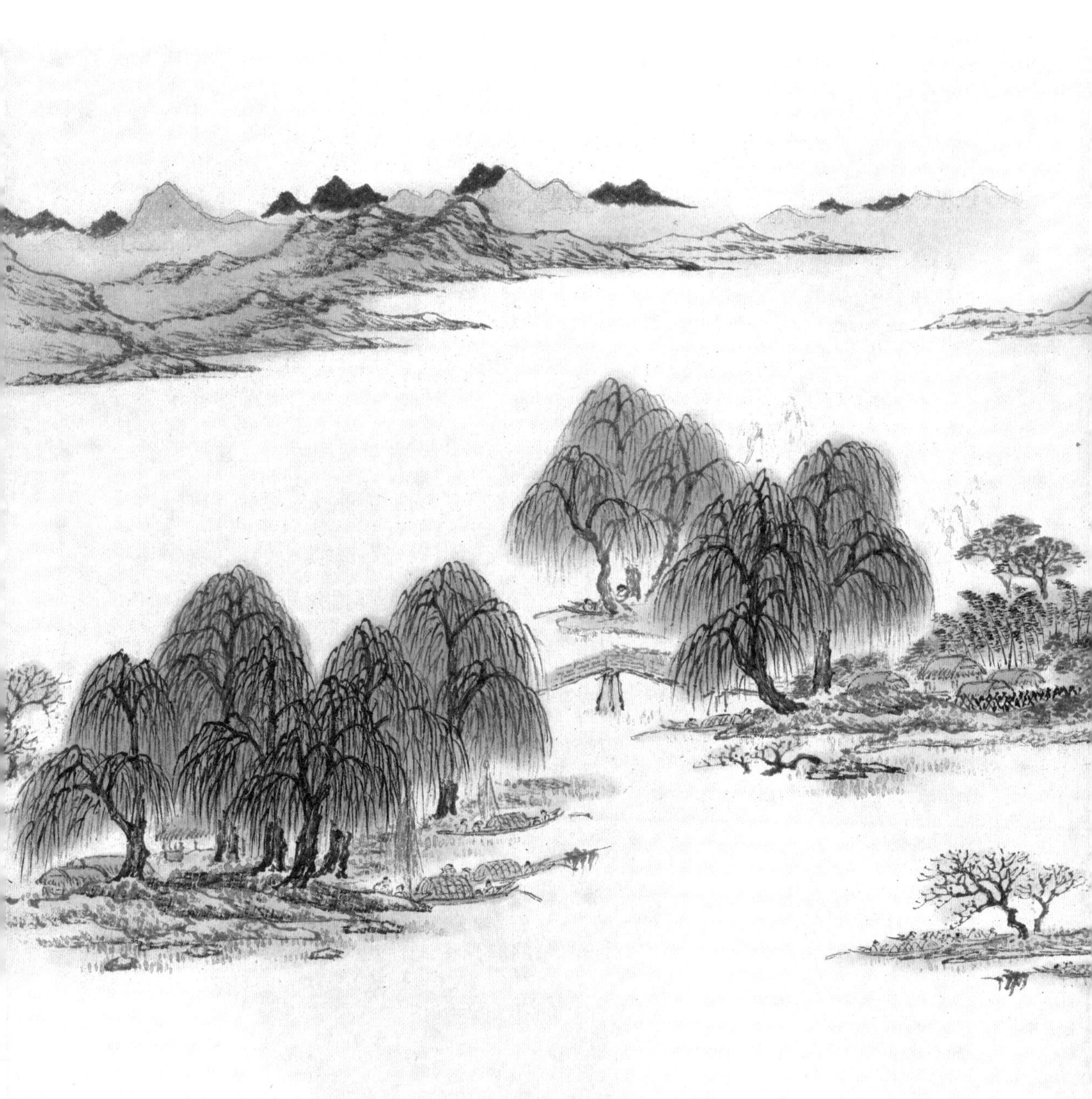

潇湘八景之八（临摹）
张复（明代）

不少道学中人亦纷纷对韩进行否定[24]，其社会影响力之大是可以想象的。这理应能影响到郭沔对于时势及北伐问题的认识。因此，无论如何，郭沔因北伐失利、韩侂胄被杀而久怀惓惓之情，借琴曲抒怀的可能性都不大。

有的音乐史论著则把郭沔创作《潇湘水云》的背景理解为南宋后期加以论述，如查阜西《关于〈潇湘水云〉》一文阐释《神奇秘谱》的题解说："郭先生是永嘉人，他迁居在湖南的潇湘两水之间。每当他想要欣赏九嶷山的美景的时候，老是有云遮着了。因此，他作这一曲，来表达他那种'想望'的情感。"接着又说，"古琴家们向来认为这是有双重的意义的。他们认为郭楚望是把遮掉好景的云，比作苟安旦夕的宰相贾似道一（般）【班，或帮】混蛋官僚阻碍了锦绣山河的恢复。这就说明此琴曲是一个现实主义的艺术作品。"[25]前揭杨荫浏《中国古代音乐史稿》则是将《潇湘水云》创作置于"南宋后期，元兵南下，文人相率南迁"的背景下解释。同样亦是既无任何证据，又难以据史实说通。

按贾似道于景定元年（1260）四月以少师、卫国公、右相兼枢密使奉诏回临安，开始擅权，此时正与郭楚望"以善琴名淳、景间"的时间大致相合。这也许正是有的琴家以此为背景的根据。岂不知贾似道在擅权前及擅权后相当长的一段时间里，其形象都是非常正面的。特别是开庆元年（1259）十月，贾似道临危受命，驰援鄂州并亲自督战，南宋军英勇抵抗，终未让忽必烈攻陷鄂州。贾似道因此获得甚高的时望，才能和功劳不仅得到忽必烈的肯定，在内亦深受士大夫们的赞扬。同时代颇有时望的大诗人刘克庄对贾似道在此战的功劳作了以下描述："第此七八月以来，吾相溯巴峡，屯溪（汉）鄂，援江南，以不货之身跋履险阻，大小百战，却舆马，擐甲胄，与士卒同饭卧起，汔能立太勋劳，以复命天子，以归面太夫人，惟忠惟孝，一念基之也。"[26]宋理宗亦作《赐贾相》诗称赞贾似道："力扶汉鼎赖元勋，泰道弘开万物新。声暨南郊方慕义，恩渐东海悉来臣。凯书已奏三边捷，庙算潜消万里尘。坐致太平今日事，中兴玉历喜环循。"[27]当时的

---

[24] 贾连港：《"韩侂胄事迹"的形成及流转》，《史学史研究》2014年第3期。

[25] 黄旭东、伊鸿书、程源敏、查克承：《查阜西琴学文萃》，中国美术学院出版社，1995。

[26] 刘克庄：《后村先生大全集》卷一三二《与贾丞相》，王蓉贵、向以鲜校点，四川大学出版社，2008。

[27] 刘一清：《钱塘遗事》卷四《李璮归国》，上海古籍出版社，1985。

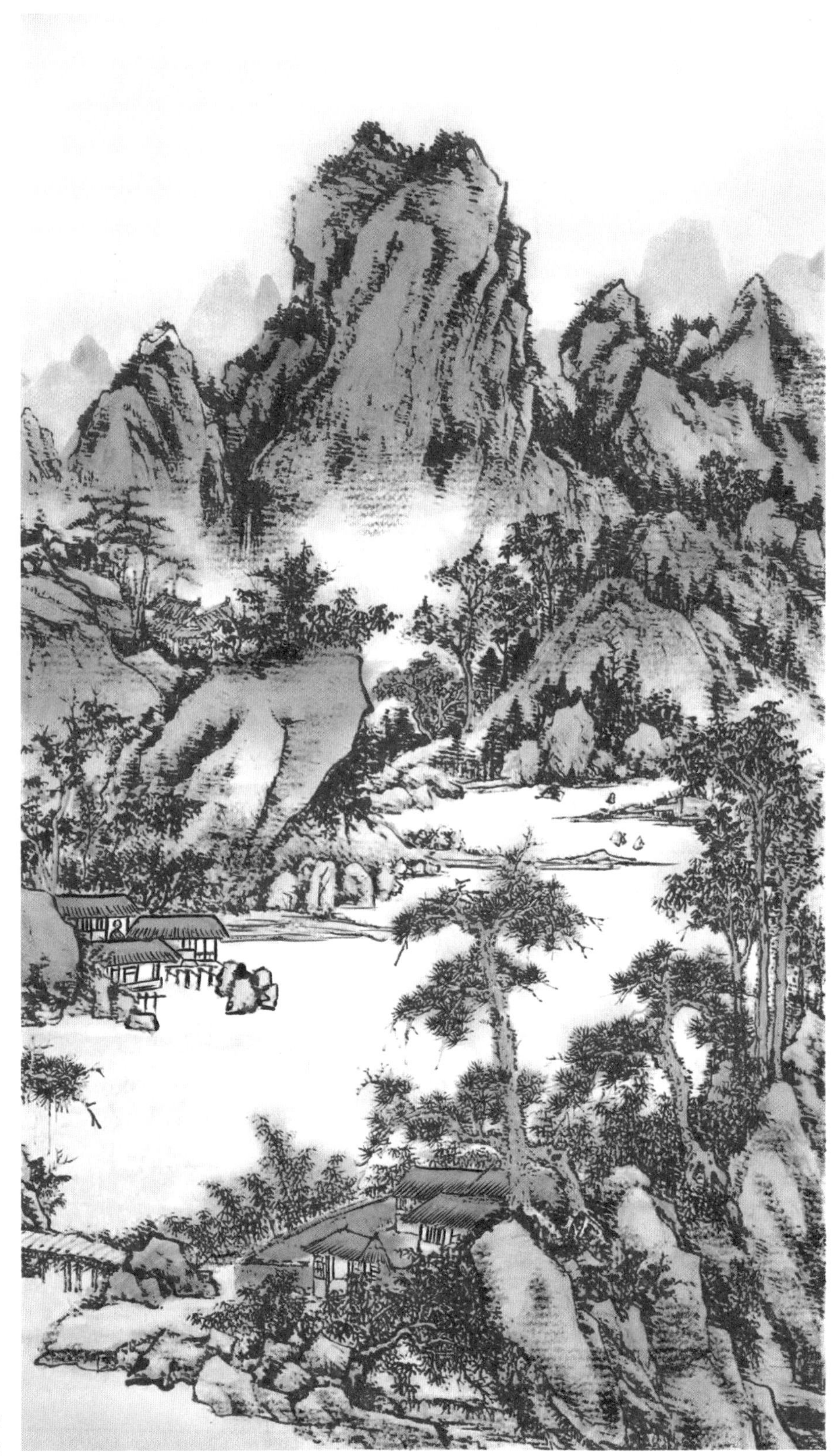

秋山晴霭图轴（临摹）
王宸（清代）

贾似道被描述为中兴之臣的形象。其入朝后整肃内政，亦颇有治绩。刘克庄认为：“壑公（贾似道号秋壑）建淮阃十年，忠劳百倍于清献（崔与之）之时，而怀贤服善，了无毫发矜功伐能之意，西山（真德秀）可以相之语，清献未及为之事，不在斯人者乎！”[28] 当时关于贾似道的好评还有很多，其中虽不无拍马奉承之词，但可以看出其在擅权相当长的一段时间内，并未给朝野一个祸国殃民的印象。直到度宗咸淳（1265—1274）以后，才渐渐出现对贾似道进行讽刺、抨击的诗文。贾似道的形象被颠覆是在德祐元年（1275）丁家洲之战后。该年二月，伯颜率元军至安庆府，知府范文虎投降，南宋太皇太后谢道清急令贾似道督师抗元，督诸路军 13 万，战舰 2500 艘，出师西上迎战元军。结果在丁家洲之战中，南宋军一触即溃，贾似道逃往扬州。本来依附于贾似道的陈宜中听闻贾似道在丁家洲大败，立即上疏弹劾贾似道：“仍乞正似道误国之罪以谢天下。”[29] 之后对贾似道的批评、污蔑便纷至沓来。元修《宋史 · 贾似道传》，参据晚宋残缺的日历、实录而成，便将贾似道归入奸臣传，塑造出贾似道种种奸臣形象。[30]

客观而论，贾似道的所作所为，确有许多对南宋政局造成了不利影响，他本人也遭受到批评与指责。但在擅权之初，其形象和擅权的负面影响并不明显。如果此时郭沔仍然在世，作为一个在野琴人，听闻到的应该是中兴之臣形象的贾似道，不可能是一个“苟安旦夕”的贾似道。等到贾似道形象被颠覆，郭沔还在世的可能性则不大。

在学界一般认为南宋后期是从理宗朝开始。[31] 此间蒙古军队南下攻宋，有两大阶段。第一阶段从端平二年（1235）到开庆元年（1259），此时尚为蒙古军攻宋，还没有元朝国号。蒙古军重点进攻南宋的四川和湖北，战争断断续续。其中蒙古军攻南宋最为剧烈的是宝祐六年（1258）的三路攻南宋，即蒙哥汗率军攻打四川，忽必烈率军攻鄂州，已在安南的兀良哈台经广西北上，计划入湖南与忽必烈会师，然后三路直捣临安。但蒙古军的此次进攻却遭受惨败。蒙哥

[28] 刘克庄：《后村先生大全集》卷一〇八《题跋 · 崔菊坡与刘制置书》，王蓉贵、向以鲜校点，四川大学出版社，2008。
[29] 刘一清：《钱塘遗事》卷八《陈宜中奏》，上海古籍出版社，1985。
[30] 毛钦：《论贾似道奸臣形象的塑造》，《天中学刊》2015 年第 6 期。
[31] 张其凡：《两宋历史文化概论》，广东人民出版社，2002。

在钓鱼城殒命，忽必烈被贾似道等在鄂州挫败，兀良哈台亦被宋军阻挡在潭州城下。战争结果令南宋振奋，而此时的形势尚未让南宋有亡国之忧。此时期亦与郭沔以琴名的“淳、景”相当。难以想象郭沔会在这样的形势下感到时势飘零，想望隐遁。蒙古军队再一次攻宋是在忽必烈完成夺权后的至元四年（1267，南宋咸淳三年），但从该年开始，双方主要是争夺襄樊及在四川作战，持续数年，蒙古军并未大规模南下。元军（1271 年忽必烈定国号为元）大规模南下是在咸淳九年（1273）襄樊陷落之后。但此时郭沔还在人世的可能性便不大了。

既然历史背景无法对郭沔创作《潇湘水云》提供合理解释，那么其中望九嶷的惓惓之情，可去何处寻源呢?

三、《潇湘水云》与汪元量之关系及题解中之遗民心结

《神奇秘谱》在《潇湘水云》题解中称郭沔“每欲望九嶷，为潇湘之云所蔽，以寓惓惓之意也”，虽然无法从郭沔的生平事迹和相关历史背景中得到合理解释，但必定渊源有自，若细细寻觅，或有蛛丝马迹。

题解既称《潇湘水云》是郭沔所作，便不妨从郭沔传人群里探寻端倪。前揭袁桷《琴述赠黄依然》称，郭沔从张岩处得到琴谱后，又别为曲调，死后传刘志芳。后徐天民向刘志芳学琴，而毛敏仲亦能“弄楚望商调”，徐、毛二人俱是杨缵门下客。杨缵（约 1201—1267），[32] 字嗣翁，又字继翁，号守斋，又号紫霞翁，浙江严州（治建德，今浙江建德梅城镇）人，居钱塘（今浙江杭州），出身外戚世家。其祖父杨次山为宋宁宗杨皇后连宗之兄，其女为度宗淑妃。杨缵曾任官司农寺卿等。[33] 其门客周密称：“翁知音妙天下，而琴尤精诣。自制曲数百解皆平淡清越，灏然太古之遗音也。”[34] 因其有较高的身份地位，在其周围聚集了一批琴人，讨论琴学，整理琴谱。袁桷在《清容居士集》称：“往六十年，钱塘杨司农以雅琴名于时，有客三衢毛敏仲、严陵徐天民在门下，朝

[32] 金启华、萧鹏：《周密及其词研究》，齐鲁书社，1993。
[33] 脱脱等：《宋史》卷四六五《杨次山传》，中华书局，1985。
[34] 周密：《齐东野语》，张茂鹏点校，中华书局，1983。

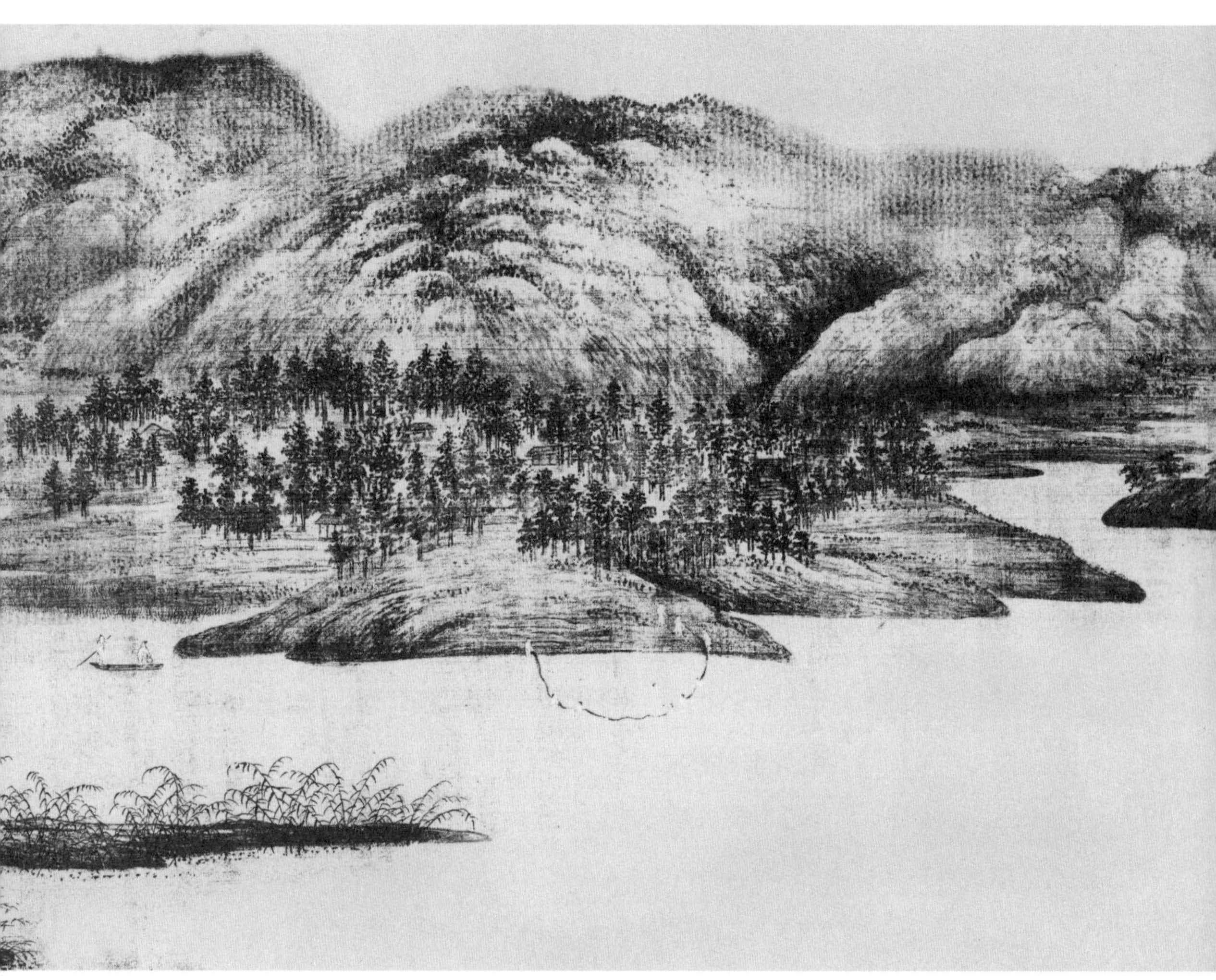

潇湘图卷（临摹）
董源（五代南唐）

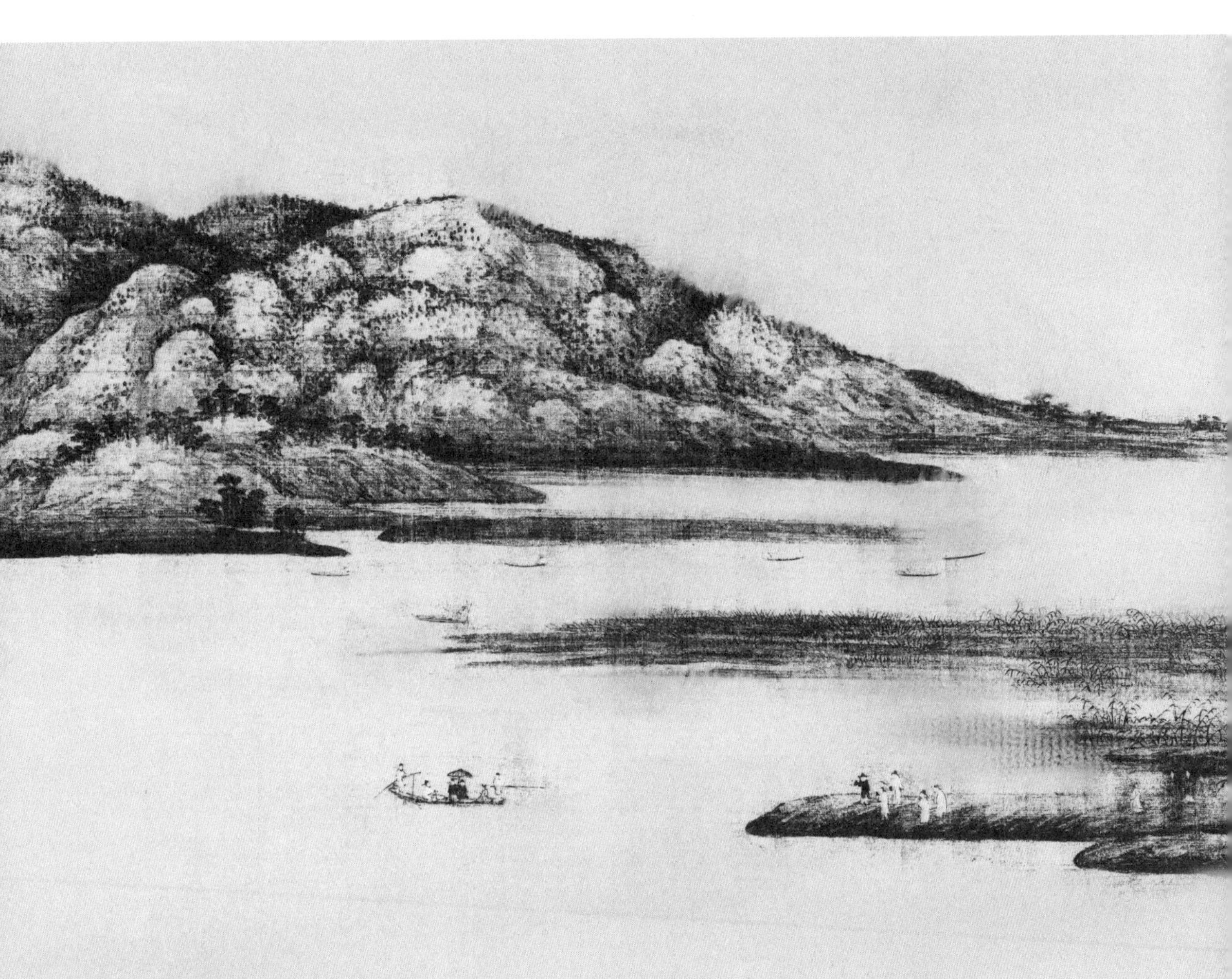

夕损益琴理。”实际上，聚集在杨缵门下好琴者，远不止这几人。宋末人张炎记述：“近代杨守斋精于琴，故深知音律。……与之游者，周草窗、施梅川、徐雪江、奚秋崖、李商隐。每一聚首，必分题赋曲。”[35]徐雪江即徐天民，[36]杨缵与门下客一起编成《紫霞洞谱》十三卷，共468曲。杨缵及《紫霞洞谱》具有较大影响。明人宋濂称：“宋季言琴学者，多宗大理少卿杨公缵。”[37]以杨缵为首的这一琴学群体，因传承郭沔琴曲，阐发其中意涵，与《潇湘水云》应有密切关系。

然而，如果仅从上述以杨缵为首的琴人群体着眼，并不能直接发现与《潇湘水云》之关联，但如果从群体内人物的交游线索来看，则一个重要人物便会进入视野，其经历和事迹透出其与《潇湘水云》有隐约关联。此人便是汪元量。

汪元量（1241—1318），字大有，号水云，钱塘人。父名琳，字玉甫，是一位知琴知书之人。汪元量自幼受到熏陶，亦以善琴名，度宗时，入宫为琴待诏，颇得谢太后和王昭仪喜欢。德祐二年（1276），元军入临安，掳南宋宋恭帝及宗室、大臣北去，汪元量随谢太后离杭北迁，在元曾供奉翰林。至元二十五年（1288），汪元量向元世祖乞求黄冠南归，得到应允。其南归后，在杭州创立诗社，与友人们进行酬唱活动，之后如江右名士，赴湘入蜀。

汪元量虽被后人认为是“一供奉琴士，不预士大夫之列”，却“眷怀故主，终始不渝”，表现出高度的家国情怀，对宋朝灭亡感到十分痛心和愤慨。元军进逼临安，谢太后派大臣献上降表和传国玉玺，汪元量身份卑微，无力抗争，便写诗讥刺。其《醉歌》十首中有云：

淮襄州郡尽归降，鞞鼓喧天入古杭。国母已无心听政，书生空有泪成行。（其三）

乱点连声杀六更，荧荧庭燎待天明。侍臣已写归降表，臣妾佥名谢道清。（其五）[38]

---

[35] 张炎：《词源注》卷下《杂论》，夏承焘校注，人民文学出版社，1963。
[36] 章华英：《宋代古琴音乐研究》，中华书局，2013。
[37] 宋濂：《宋濂全集》卷四二《跋郑生琴谱后》，黄灵庚编辑校点，人民文学出版社，2014。
[38] 汪元量：《增订湖山类稿》，孔凡礼辑校，中华书局，1984。

至元十六年（1279）十月，文天祥被押送到大都。从次年起，汪元量便多次去狱中探望，为文天祥弹奏《胡笳十八拍》，文天祥则写出《胡笳曲》等，共抒国破家亡的悲愤之情。汪元量为文天祥赋诗《妾薄命呈文山道人》道："君当立高节，杀身以为忠。岂无《春秋》笔，为君纪其功"，以忠贞大节激励文天祥。文天祥则作《集杜句和韵》和之曰："丈夫誓许国，人马皆自雄。"从此可见汪元量具有与文天祥相近的气节和情怀。汪元量南归之目的，有论者据谢翱《续琴操哀江南序》所云"文丞相被执在狱，汪上谒，且勉丞相：'必以忠孝白天下，予将归死江南'"之句，认为汪元量南归要收拾义军，继续抗元。[39] 有的学者则据刘丰禄《题汪水云诗卷》中"拟续《离骚》吊忠魄"[40] 等诗句，认为汪元量南归的主要目的在于，像杜甫那样怀着庄严的使命感，以诗句如实记录下南宋灭亡的悲惨历史，让后人怀念为国捐躯的先烈们。可从汪元量南归后的事实来看，其南归后主要活动是忙于与遗民故老们的频繁交游与酬唱。但不管怎样，汪元量南归后所写之诗，不少是表达吊念忠魂而颇具幽思情怀的。

其中最值得注意的是汪元量的潇湘之游和相关诗作。汪元量南归后曾多次入湘。送汪元量入湘的李嘉龙有诗云：

江湖牢落叹蘧年，说着乾淳泪泫然。折桂昔为天上客，餐松今作洞中仙。南窗寄傲陶元亮，东海归来鲁仲连。紫凤天吴颠倒褐，抱琴又泛楚江船。[41]

刘丰禄《题汪水云诗卷》曾称其目的是"只今复作潇湘游，拟续《离骚》吊忠魄"。[42] 而汪元量自己亦有《竹枝歌》云："贾谊祠前酹酒尊，汨罗江上吊骚魂。"更为引人注目的是，其《衡山道中寄平远赵宣慰》云："回雁峰前问讯，楚江几度兰香。望美人兮何许，水云隔断潇湘。"其诗句中既有"潇湘"，又有"水云"，而其意亦正与《神奇秘谱》中《潇湘水云》题解中"每欲望九嶷，

[39] 史树青：《爱国诗人汪元量的抗元斗争事迹》，《历史教学》1963 年第 6 期。
[40] 同 38。
[41] 同 38。
[42] 同 38。

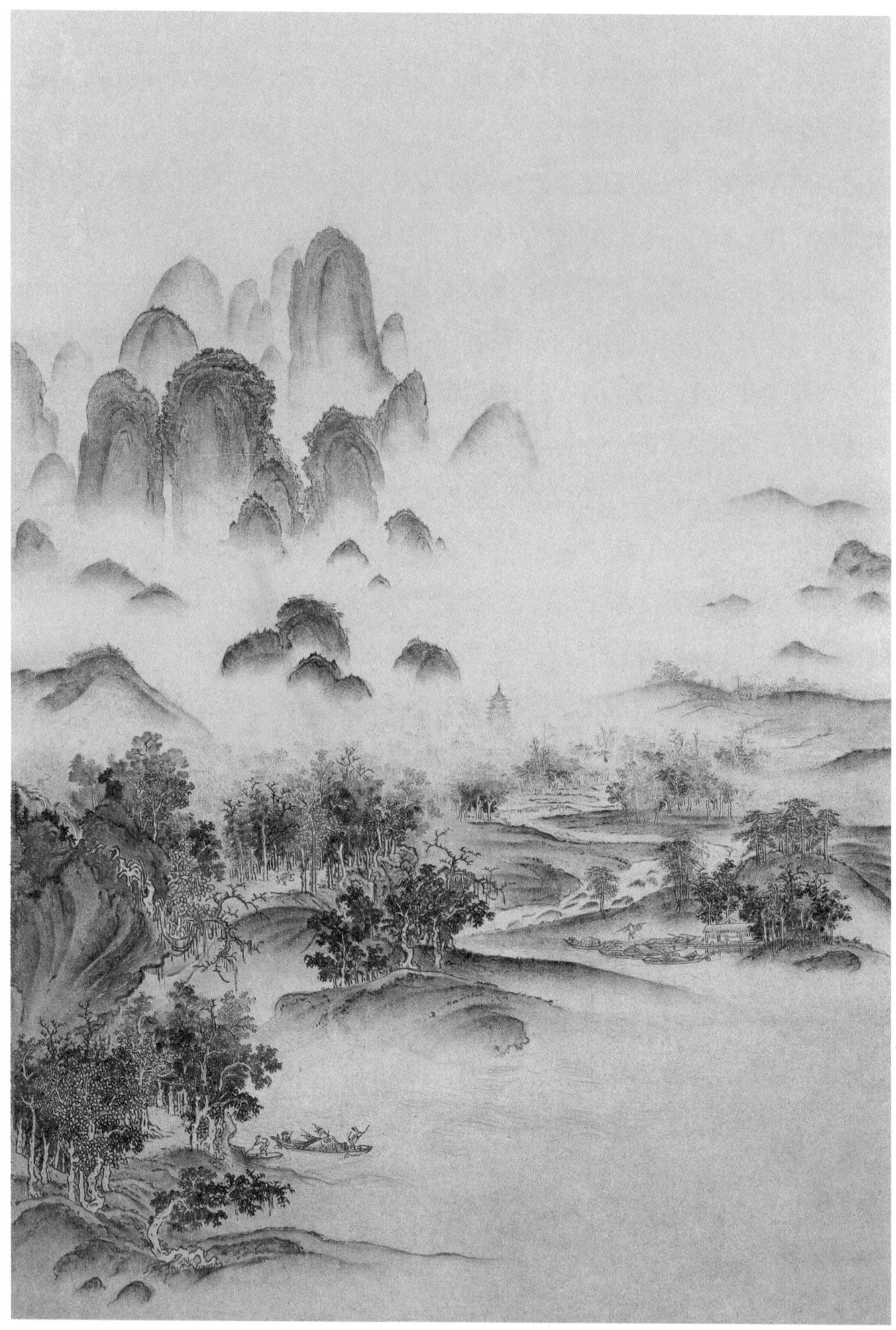

溪山秋色图轴（局部）（临摹）
赵佶（北宋）

为潇湘之云所蔽”相合。不管其诗意如何，后人在题跋汪元量诗时，却又赋予其“以寓惓惓之意”的诠释。如叶万《汪水云诗钞跋》称：“汪水云以一技之末，见知于宫中，犹眷眷于故君，彼食禄垂绅之辈，当何如耶！”李珏《书汪水云诗后》则称：“吴友汪水云出示《类稿》，纪其亡国之戚，去国之苦，艰关愁叹之状，备见于诗，微而显，隐而彰，哀而不怨，欷歔而悲，甚于痛哭”。[43]言至于此，不能不令人感到朱权《神奇秘谱》对于《潇湘水云》的前一句题解，与汪元量潇湘之行所表达的情景、情怀正相一致；或可猜想此题解莫非正源于此？但仅凭汪元量潇湘之行、诗句情怀及其中的“潇湘”与“水云”之名，尚不足以得出肯定的结论，仍需别的证据。此便是汪元量与郭沔传人之关系。

在郭沔传人中，与汪元量关系最为密切的就是徐天民和毛敏仲，他们是汪元量一生中十分重要的友人。早在度宗咸淳时，汪元量就为徐天民写有《长相思·越上寄雪江》和《柳梢青·湖上和徐雪江》词；[44]德祐二年北行前，为徐天民作《和徐雪江即事》诗，为毛敏仲作《同毛敏仲出湖上由万松岭过浙江亭》《送琴师毛敏仲北行》（三首）诗；[45]南归杭州后，继续与徐天民保持密切交往，写有《浙江亭和徐雪江》、《答徐雪江》和《听徐雪江琴》等诗，述说北上经历，抒发悲时感世情怀。其中《听徐雪江琴》云：

徐卿寒夜弹玉琴，冻云妒月波澄阴。海上神峰削幽翠，十二楼前玉妃坠。湘娥素女相对泣，翠竹苍梧泪痕湿。幽兰不香蕙花死，千愁万怨青枫里。风敲叶脱雨如啸，百鸟喧啾孤凤叫。老龙吐珠亦洒洒，山鬼摇闩走堂下。徐卿徐卿且停手，呼儿割鸡酌春酒。曲高调古人不识，侧耳西楼咽筝笛。[46]

诗中“曲调高古人不识”透露出此是一首久不为人知的古曲，但其中“寒夜”“冻云妒月”“湘娥素女”“千愁万怨”“孤凤”等一系列字眼，无不说

[43] 汪元量：《增订湖山类稿》，孔凡礼辑校，中华书局，1984。
[44] 同 43。
[45] 同 43。
[46] 章华英：《宋代古琴音乐研究》，中华书局，2013。

明此曲是描述“湘娥素女”一类女子的孤独、幽思之情。而此情怀亦在汪元量诗里屡有出现，如《唐律寄呈父凤山提举》之七：“吴女北游簪素柰，湘娥南望泣苍梧。风吹远浦秋鸿杳，月出空山夜鹤孤”；《竹枝歌》之十：“铜仙有泪如铅水，不似湘妃竹上多”等。[47]不仅所写情景与徐天民琴曲一致，而且都关乎“潇湘”，似乎都透出与《潇湘水云》的关联。

至此，不妨作一反推。如果郭沔早就作成《潇湘水云》，且其情其景又与汪元量南归后心境相近或相合，那么汪元量与徐天民等当屡屡弹奏、揣摩及讨论才是，可相关人物事迹和诗文中仍是毫无踪影，不能不令人怀疑郭沔是否作有此曲。若《潇湘水云》非郭沔所作，则有几种可能：一是徐天民等所传古曲；二是汪元量所作；三是徐天民所作。但仔细推敲，后两者可能性都不大。汪元量虽为专门琴人，且随身携琴，以琴交友，但论其创作，仅善为诗，却未见作过琴曲。当然，汪元量作品未能尽数流传下来。但观其诗及友人与之交游诗文，每每提到琴，却从未述及汪元量创作琴曲事，故可知汪元量不曾或较少自创琴曲，《潇湘水云》自然亦应非其作品。而《潇湘水云》亦应非徐天民所作。因为徐天民与袁桷关系甚是密切，而袁桷曾向徐天民学琴，亦曾习杨缵等所编《紫霞洞谱》，《潇湘水云》若为徐天民所作，当见于袁桷的记录，可袁桷几处专门论琴的文字均未提及。故《潇湘水云》最有可能是徐天民所传古曲，而此古曲不大可能出自郭沔所传张岩家琴谱。此曲或有原名，或就是名《潇湘水云》，只是久不为人识，经徐天民弹奏给汪元量，进行了新的演绎，元量留下相关诗句，后人便根据汪元量的经历撰出题解。但此事的发生时间应在汪元量和袁桷亡故之后，时代已是元朝中后期了。因曲谱出自郭沔传人，则被托名郭沔所作，汪元量潇湘之行的经历与情怀亦被移植到郭沔身上。

以上结论虽仍只是推测，但若能发现《潇湘水云》与汪元量之关系，则《神奇秘谱》在其题解中“每欲望九嶷，为潇湘之云所蔽，以寓惓惓之意也”的涵义则可迎刃而解，此便是一种遗民心结。

---

[47] 汪元量：《增订湖山类稿》，孔凡礼辑校，中华书局，1984。

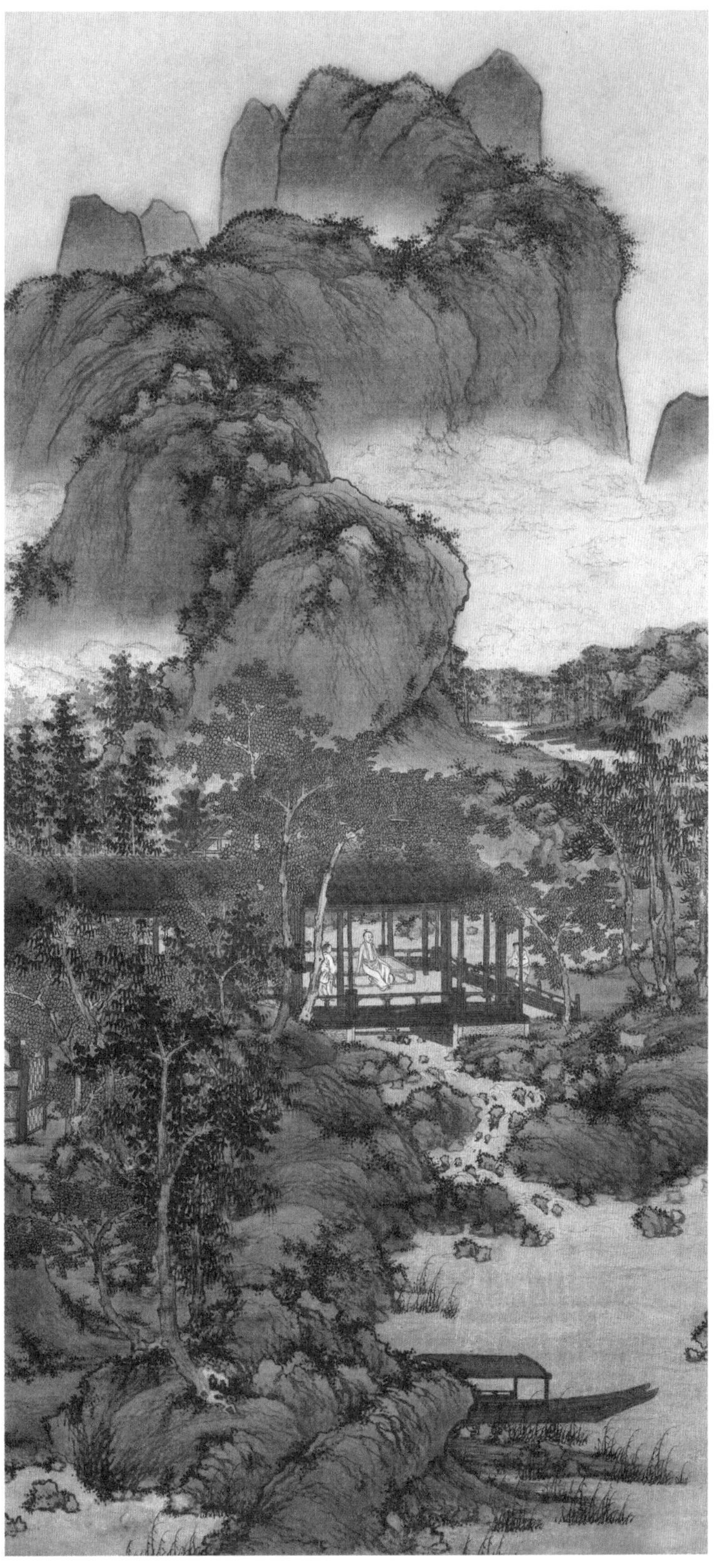

山居纳凉图（临摹）
盛懋（元代）

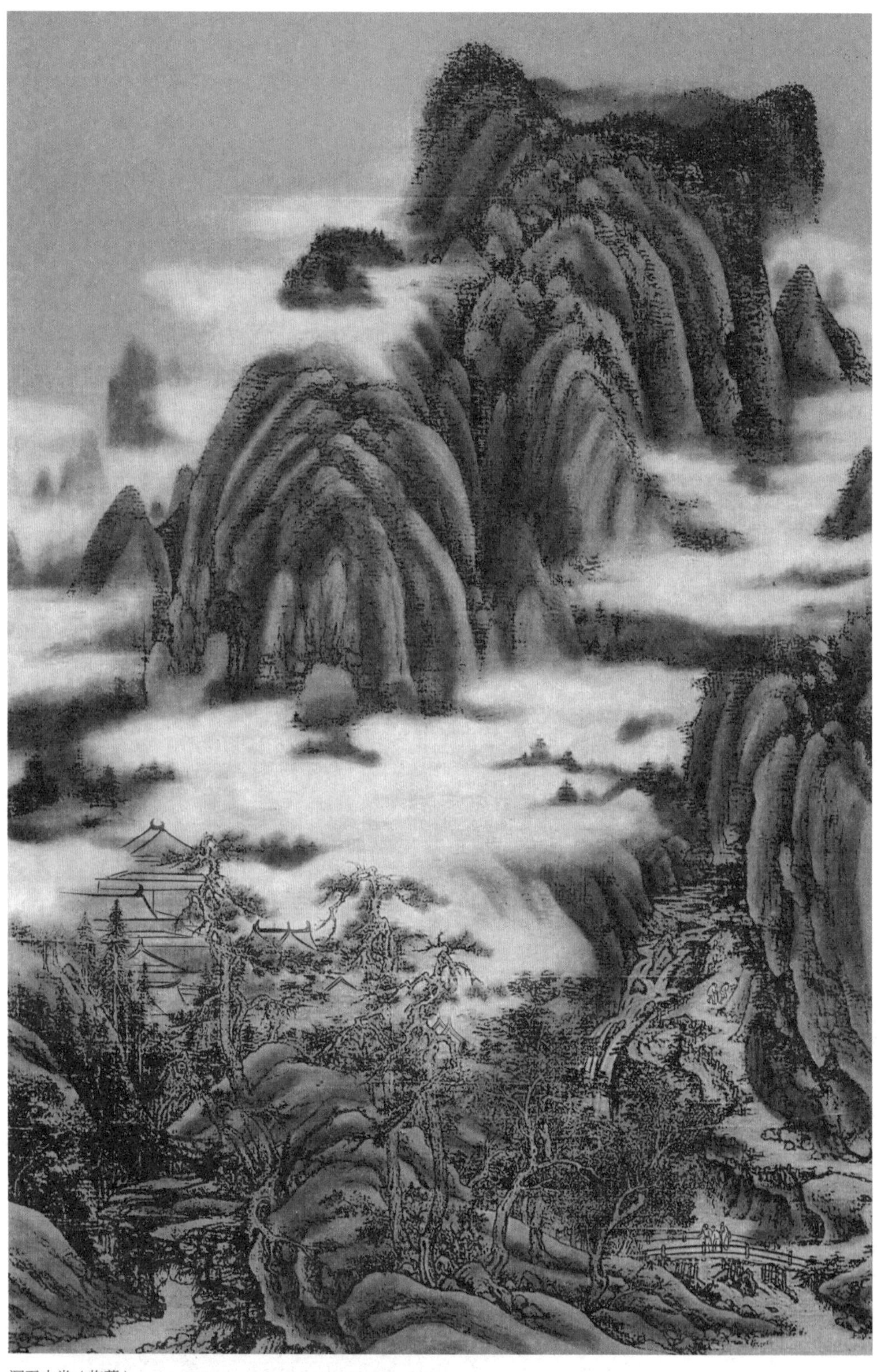

洞天山堂（临摹）
董源（五代南唐）

回望历史，在发生重大变革的时代，面对外在环境的变化，士人都会根据其政治理念、道德信仰与实际利益的轻重权衡而作出不同反应。宋元之际的士大夫，特别是江南士大夫的表现亦是如此。萧启庆先生认为，宋元之际的士大夫大体可归为三类，即“忠义”、“遗民”与“贰臣”。忠义指抵抗元军而杀身成仁的烈士；遗民乃指忠于故国、不仕异代的节士；而贰臣则指背弃宗邦、改仕新朝的现实主义者。[48]尽管有研究认为，所谓宋季忠义“辈出”，其实是一个“虚像”，宋季士人的忠君爱国意识并不会比其他朝代来得高，[49]但因两宋忠君观念的绝对化和夏夷思想的制约，南宋灭亡之后，见于史载的遗民之多超越前代则是不争的事实。[50]

在南宋灭亡之后众多的遗民中，汪元量无疑是一位公认的代表人物，不仅明人程敏政记录的《宋遗民录》载录其名及作品，后世研究宋代遗民的代表性论著亦莫不彰其事迹。当然，若按“忠于故国、不仕异代”的遗民标准，汪元量的品格似乎有所瑕疵。为此，王国维为其分辩称：

> 则水云在元颇为贵显，故得橐留官俸，衣带御香，即黄冠之请，亦非羁旅小臣所能。后世乃以宋遗民称之，与谢翱、方凤等同列，殊为失实。然水云本以琴师出入宫禁，乃倡优、卜祝之流，与委质为臣者有别。其仕元亦别有用意，与方、谢诸贤迹异心同。有宋近臣，一人而已。[51]

萧启庆先生将宋元之际的遗民分为三种类型：其一为激进型，多系由宋末抗元武装转化而来，与抗元领袖文天祥等素有渊源。其二为温和型，此类遗民未曾参加抗元的实际行动。南宋亡以后，他们守节不仕，或以诗词书画寄寓怀抱，或则家居著述，或则寄身方外，以求解脱，对南宋朝皆心怀忠爱，却无激烈行动。其三为边缘型。此类型遗民政治态度模棱两可，虽然忠于宋室，却不排斥

[48] 萧启庆：《内北国而外中国：蒙元史研究》（上册），中华书局，2007。
[49] 陈得芝：《论宋元之际江南士人的思想和政治动向》，《南京大学学报（哲学·人文科学·社会科学）》1997年第2期。
[50] 萧启庆：《宋元之际的遗民与贰臣》，《历史月刊》1996年第4期。
[51] 王国维：《观堂集林》卷二十一《书〈宋旧宫人诗词〉湖山类稿〈水云集〉后》，河北教育出版社，2003。

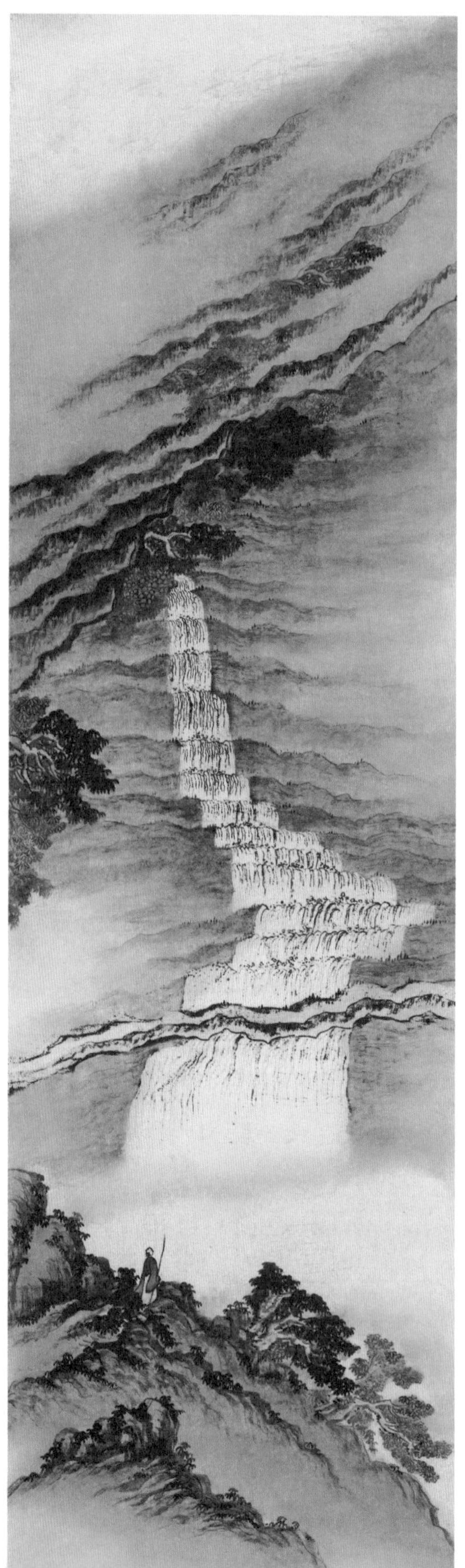

鸣弦泉图（临摹）
梅清（清代）

元朝统治，亦不避讳与北人为友。而且政治行为前后不一，或是先归隐山林，而后出仕元朝；或是先归顺元朝，后又罢官归田，并不失遗民情操。萧先生将汪元量归入第二类温和型。[52] 但若考察汪元量的交往圈，便能发现其交往对象多是后世所称的遗民。其中包括被萧启庆先生列入激进型的谢翱、刘辰翁等。还有马廷鸾、曾子良、章鉴、陈杰、李珏、赵文、周方等。[53] 故汪元量行迹及其与友人之间的诗词酬唱，即是遗民的行为方式，其内容亦多是表达遗民心结。如前揭其友李嘉龙送其入湘的“南窗寄傲陶元亮，东海归来鲁仲连”之诗句，将其比为去职归隐的陶渊明，以及宁愿蹈海而死、义不帝秦的鲁仲连，正是为了表现一种突出的遗民志节。故《神奇秘谱》在《潇湘水云》题解中的“每欲望九嶷，为潇湘之云所蔽，以寓惓惓之意也”的内涵就是一种遗民心结的表达。

至此，前揭查阜西先生《补元人咏郭沔诗》题记中提到的，其偶见一本《辍耕录》记元初黄某咏郭沔诗中有“蹈海不尊秦，入山惟望楚”，“长怀拳拳情，环顾茫茫雾”的诗句亦可有所印证。即便这几句诗见于某部不为众人知的《南村辍耕录》版本或其他典籍，亦只能说明是表达南宋亡灭以后的一种遗民心结，与靖康之耻、开禧北伐及《嘉定和议》并无直接关系。查先生对该诗的补充部分还是多有曲解。

宋元之际的遗民心结不仅表现在对《潇湘水云》的题解中，在其他琴曲的题解中亦有所体现。如《神奇秘谱》对琴曲《泛沧浪》的题解称：

是曲者，亦云郭楚望所作，志在驾扁舟于五湖，弃功名如遗芥，载风月而播弄云水，渺世事之若浮沤。道弘今古，心合太虚。其趣也若是。

对《泽畔吟》的题解云：

是曲也，或云雪江之所制也。拟屈原以正事君，与时不合，于是见放，乃

[52] 萧启庆：《宋元之际的遗民与贰臣》，《历史月刊》1996 年第 4 期。
[53] 方勇：《南宋遗民诗人群体研究》，人民出版社，2000。

游于江滨，因以忠君爱国之心，遂致形容枯悴之意。又附遇渔父而告之，以伸其郁结蒙尘之情。不意渔父戾已鼓枻而去。原因无所控诉，不得已而止焉，其无可奈何之意，使闻者莫不感慨伤悼，痛哭流涕，而有叹惜不已之意焉！[54]

宋元之际的遗民心结赋之于琴，如同赋之于诗词一样，属于抒发情怀的一种方式。但诗词形于文字，便于流传，其意亦易见，琴曲流传却多踪迹不清。今所能见的《潇湘水云》等曲的题解是明代朱权的《神奇秘谱》所载，但《神奇秘谱》肯定不是相关琴曲的首次载录者。其中所称“霞外神品”当是其源。考《神奇秘谱》前琴谱名称“霞外”者，当是徐天民弟子金汝砺所编《霞外谱》，如明人宋濂《跋郑生琴谱后》称：

（杨）缵因共定调意操凡四百六十有八，为《紫霞洞谱》一十三卷。自时厥后，徐之弟子金汝砺复深忧其学不传，乃取缵所未及者，五音各出一调、一意、一操，总为十五，名之曰《霞外谱》。而康之遗音，至是无余憾矣。东白何君巨济尝受学于徐之父子，而浦阳郑生瀛又受学于何君。瀛因辑录手弹者，分正、外二调为谱，各一卷。虽不皆与汝砺所著者合，要其源委有自矣。[55]

可惜这些琴谱均未流传至今，但据此推断，《神奇秘谱》对于《潇湘水云》的著录及题解当源于金汝砺的《霞外谱》或郑瀛所编琴谱。据此亦可以大致推知，琴曲《潇湘水云》可能最早见于《霞外谱》，而杨缵所编《紫霞洞谱》里应没有此曲。此亦当是此曲非郭沔所创之旁证。其有关遗民心结的题解内容及作者为郭沔，亦很有可能是金汝砺等人附会所成。

推论至此，《潇湘水云》的题解亦只是部分理清，尚有“然水云之为曲，有悠扬自得之趣，水光云影之兴，更有满头风雨，一蓑江表，扁舟五湖之志”一句未能得解。此句关涉《潇湘水云》的原曲意境，当另有别情。

---

[54] 朱权：《神奇秘谱》，明刻本。

[55] 宋濂：《宋濂全集》卷四二《跋郑生琴谱后》，黄灵庚编辑校点，人民文学出版社，2014。

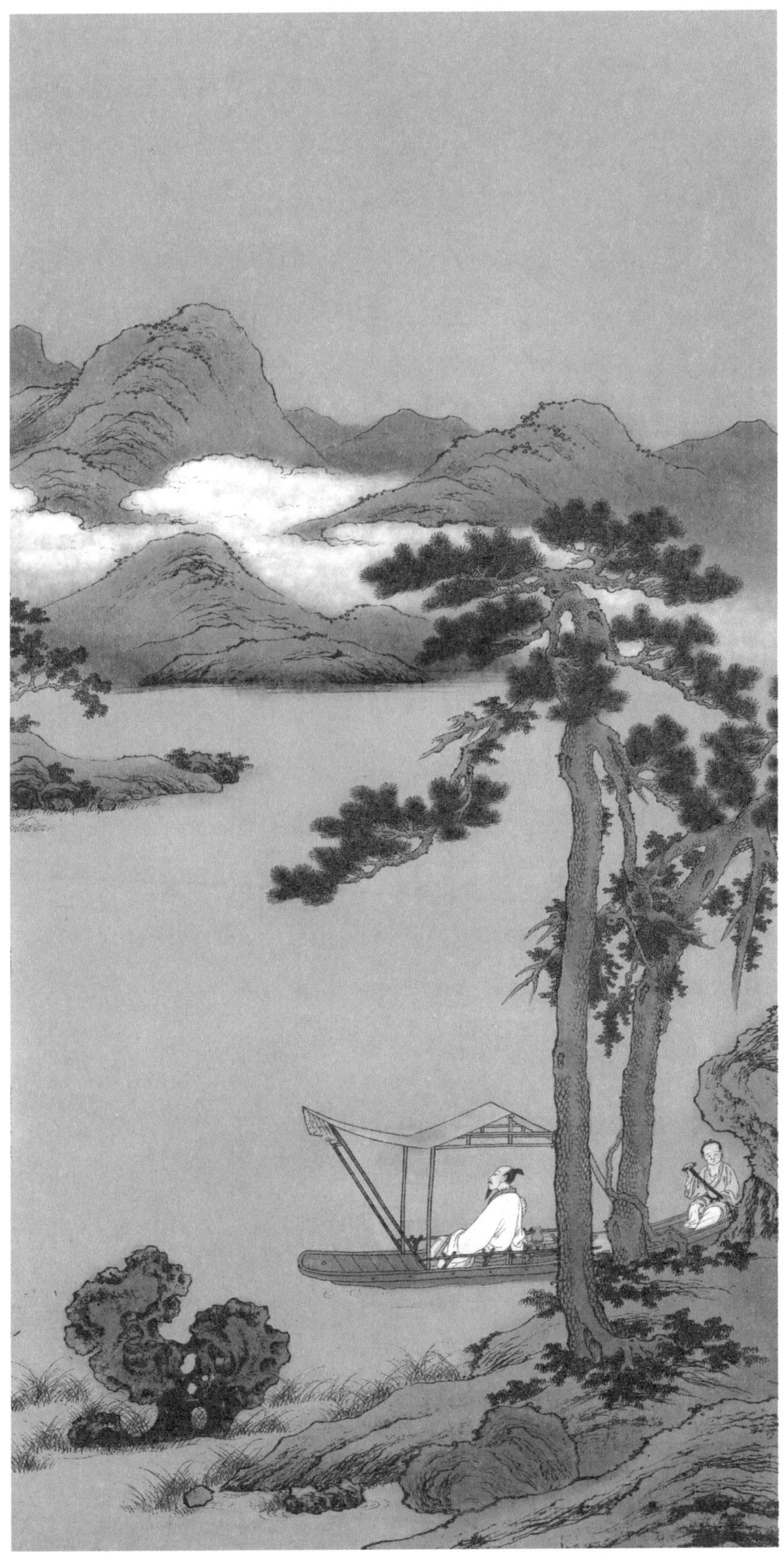

松阴晚棹图（临摹）
赵孟頫（元代）

四、《潇湘水云》原曲的意境乃文人之潇湘情怀

按道理说，一首乐曲的意境当可通过乐谱反映出来，但古代琴曲则不然。古代琴曲自唐以来多采用减字记谱法，此种记谱法只能标出右手弹拨指法和左手按弦徽位，以及显示散音、泛音和按音，亦即单音次序，而不能准确表达节奏。故演奏者在演奏中根据己意发挥的空间甚大，同一琴谱，不同演奏者因对节奏领会和把握的不同，所表现的情绪和意境亦会有相当大的差异，而且演奏者还会根据自己的理解和习惯对琴谱加以改编。因此，琴谱在流传中不断经受改编或增删。《潇湘水云》亦是如此。对比今之所见载录《潇湘水云》的琴谱可见，《潇湘水云》琴谱在流传中变化非常大，如较早收录《潇湘水云》的琴谱《神奇秘谱》《梧冈琴谱》等谱中，《潇湘水云》的乐曲均是十段，明代后期始见十一段者，清康熙以后，又陆续出现十二段、十三段、十四段、十五段、十六段，甚至十八段的《潇湘水云》，其调性亦有所变化。[56] 当今琴界演奏或讨论《潇湘水云》，所据琴谱，或是查阜西先生传谱，或是吴景略先生依《五知斋琴谱》的打谱本，均为十八段；指法、旋律亦有发展变化。今之琴谱虽已配以五线谱或简谱，有了较准确的节奏标识，但都是后人根据已经形成的关于《潇湘水云》意境的理解所定，各方面已与《神奇秘谱》等所载相去甚远。故无论古今琴谱，都无法作为考察《潇湘水云》意境的凭据。

尽管如此，但《潇湘水云》的创作者及最初定谱者，对此曲的意境及所表达的内涵，一定有自己的表达初衷，此便是《潇湘水云》的本初意境。但此意境到了朱权编《神奇秘谱》时就已模糊不清了，故朱权在题解中便作了前后矛盾的表述，既认为“以寓惓惓之意”，又觉得“水云之为曲，有悠扬自得之趣”。朱权之所以有这样的诧异，应是因为琴谱中的十段标题，《神奇秘谱》所载之《潇湘水云》琴谱中，每一段均有一个标题，分别为：

[56] 章华英：《宋代古琴音乐研究》，中华书局，2013。

一、洞庭烟雨　　二、江汉舒晴

三、天光云影　　四、水接天隅

五、浪捲（卷）云飞　　六、风起水涌

七、水天一碧　　八、寒江月冷

九、万里澄波　　十、影涵万象

从十段标题来看，分明是十幅自然山水画卷，其意境似与“惓惓之意”无法相合。后来琴谱编订者应是意识到这一矛盾之处，却又不明究竟，故在著录《潇湘水云》时，除明弘治时《浙音释字琴谱》题解及段名同于《神奇秘谱》外，其余则或去除段名；或同时去除题解及段名；或对题解文字进行修润，以求弥合融通。如明万历时《玉梧琴谱》题解虽同于《神奇秘谱》，却无段名；明嘉靖时《杏庄太音补遗》与同时期的《太音传习》题解同，而前者无段名，二者题解则删去后段，直接称：

此曲郭楚望所作。楚望，永嘉人，每望九疑山，为潇湘水云所蔽，作此盖以寓惓惓之怀也。[57]

清康熙年间成书的孔兴诱的《琴苑心传全编》对《潇湘水云》的题解则改成：

是曲，楚望郭沔所制。沔，永嘉人，每望九嶷，为潇湘水云所蔽，乃为是曲，以寓惓惓之意也。聆听音趣，更有水光云影，一蓑江表之致。[58]

清康熙时的《五知斋琴谱》和同治时的《蕉庵琴谱》对《潇湘水云》作的又是另一种题解，二者称：

宋郭楚望所作也。因泛沧浪，远望九疑，云水淹映，感慨系之。时值天中，

[57] 中国艺术研究院音乐研究所和北京古琴研究会编《琴曲集成》（第三册），查阜西、吴钊整理，中华书局，2010。
[58] 孔兴诱辑订《琴苑心传全编》。

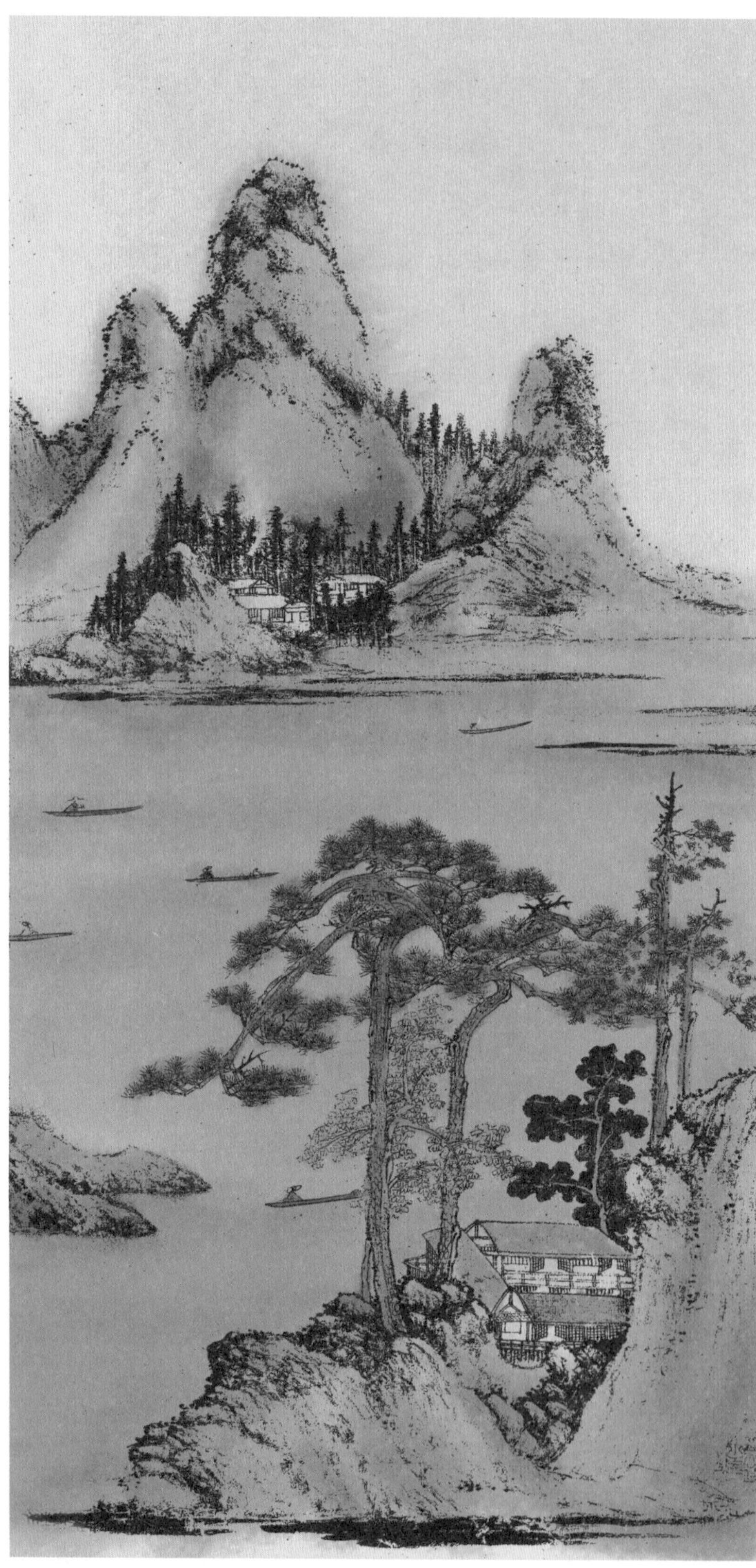

采菱图局部（临摹）
赵雍（元代）

阳气渐衰，蕤萎少和，故宾位于五月也，音清和畅。自三段至尾，皆本曲趣味，抑扬恬逸。自四至八段，全在两手灵活，如云水之奔腾，连而圆洁，方得曲之旨也。[59]

对于《潇湘水云》题解中一直存留的矛盾，近人虽亦间有质疑者，却亦未能究其所以。实际上，扩大观察视野，还是能够看到《潇湘水云》的本初意境的。

《潇湘水云》的意境表述文字看似疑窦丛生，孤证无援，但若是将其置于恰当的文化与文学背景脉络中，便能疑窦顿消，真意立现。此背景脉络便是潇湘文学意象情景。

在古今中外的文学作品中，文学创作与地理风土相互结合，相辅相成，是一个十分普遍的现象，地理风土孕育文学心灵，文学创作表现地理风土。然而在中国文化与文学传统中，却有一个突出的如母体般的元素，由实际地理风土的描写，逐渐形成抽象的文化思维，而后浸染了绘画、音乐等其他艺术形式，此便是“潇湘”。[60]“潇湘”母体所生发的超越时空的象征意义及其在文学、艺术等方面的体现，曾有不少专门的论述，其中衣若芬教授对潇湘文学意象中的概念、语义文化谱系及情景等问题有较为深入的论述，此处仅在前人论述基础上述其概况。

“潇湘文学”泛指一切以湖南的人、地、事、物为题材的文学作品、神话传说，以及隐喻联想。随着“潇湘”文学从先秦以来的层层积淀，“潇湘”这一语词便渐渐成为一种超越地域限制的文化典故，而能够被借用或引申，进而呈现为特定的意象情景。“潇湘”意象的重复与累积，又构成文化的记忆，左右着人们的认知和情绪反应，从而成为人们表达某种情怀的媒介或符号。潇湘文学的意象情景主要有两种倾向的表现：一为“恨别思归”，一为“和美自得”。

“恨别思归”即是文学中通过直接或间接的“潇湘”语词所表现的离愁别绪之伤感。这种伤感，除了地理景致和天然气候的因素外，还有历史文化的渊源。

[59] 中国艺术研究院音乐研究所和北京古琴研究会编《琴曲集成》（第十四册），查阜西、吴钊整理，中华书局，2010。
[60] 衣若芬：《“潇湘”山水画之文学意象情境探微》，《中国文哲研究集刊》2002年第20期。

一则是潇湘神话的遗韵；二则是左迁流寓文学的传统。潇湘神话的核心内容便是，舜南巡崩于苍梧，二妃娥皇、女英奔赴哭之，陨于湘江，遂为湘水之神。这一神话故事在战国时期就已流传甚广，并和楚地原有的神话结合起来，体现于屈原的《湘君》和《湘夫人》之中。后经历六朝，文学作品中又创造出如"潇湘竹""湘妃竹"等新的典故素材，潇湘神灵亦化为"贞仁"殉节，足堪范式的"母仪"。《湘夫人》中"思公子"的深刻婉转、《湘君》中"望夫君"的殷切期盼，加之吊念舜帝的涕泪涟涟，交织成"求之不得"的凄恻情感，如同潇湘的烟云，弥漫在送别、客旅、相思、悼亡、怀古，乃至自伤自怜的诗词中。诗人语及"潇湘"，往往倾诉着哀婉惆怅。与此同时，无论是借题抒怀或是触景生情，诗人们吟咏"潇湘"，又不免从地缘关系联想到屈原，体现出左迁流寓文学的传统。屈原自沉的汨罗江是湘江的支流，他被疏放逐，作《离骚》《九章》等，在浓厚的神话色彩里交融了个人的愁屈冤节与耿耿忠志，可谓"潇湘"文学之鼻祖。失意谪居或浪迹湖南的历代文人，总是对屈原的一唱三叹心有戚戚。贬官长沙，作《吊屈原赋》自艾的贾谊最为知名，亦自然成为后世"潇湘"文学中表达望归乡愁所依据的象征。总之，湘妃之泣、屈原之怨、潇湘过客的愁闷，汇成一股恨别思归的情感，呈现为"潇湘"文学的意象情景之一。

"和美自得"作为潇湘文学意象情景的另一个表现，即是通过赞赏潇湘山水之美，特别是烟云水景之美，呈现出一种悠然于云野的闲情逸致。这一"潇湘"之美，又进一步向外扩散，召唤起更多的文化记忆，从而联想起湖南境内的武陵桃花源，并通过"桃花源"延伸为"隐者"的意趣追求。因而写出《桃花源记》的陶渊明和避世隐身、钓鱼江滨、欣然自乐的渔父，亦成为表达这一意象情景的典故凭借。[61]

明了潇湘文学的意象情景，再来看琴曲《潇湘水云》的诸多问题，不能不给人豁然自明之感。前揭汪元量入湘所作诗句及友人相送诗，莫不体现出"恨别思归"的潇湘文学意象情景。而汪元量《听徐雪江琴》中"湘娥素女相对泣，

[61] 衣若芬：《"潇湘"山水画之文学意象情境探微》，《中国文哲研究集刊》2002年第20期。

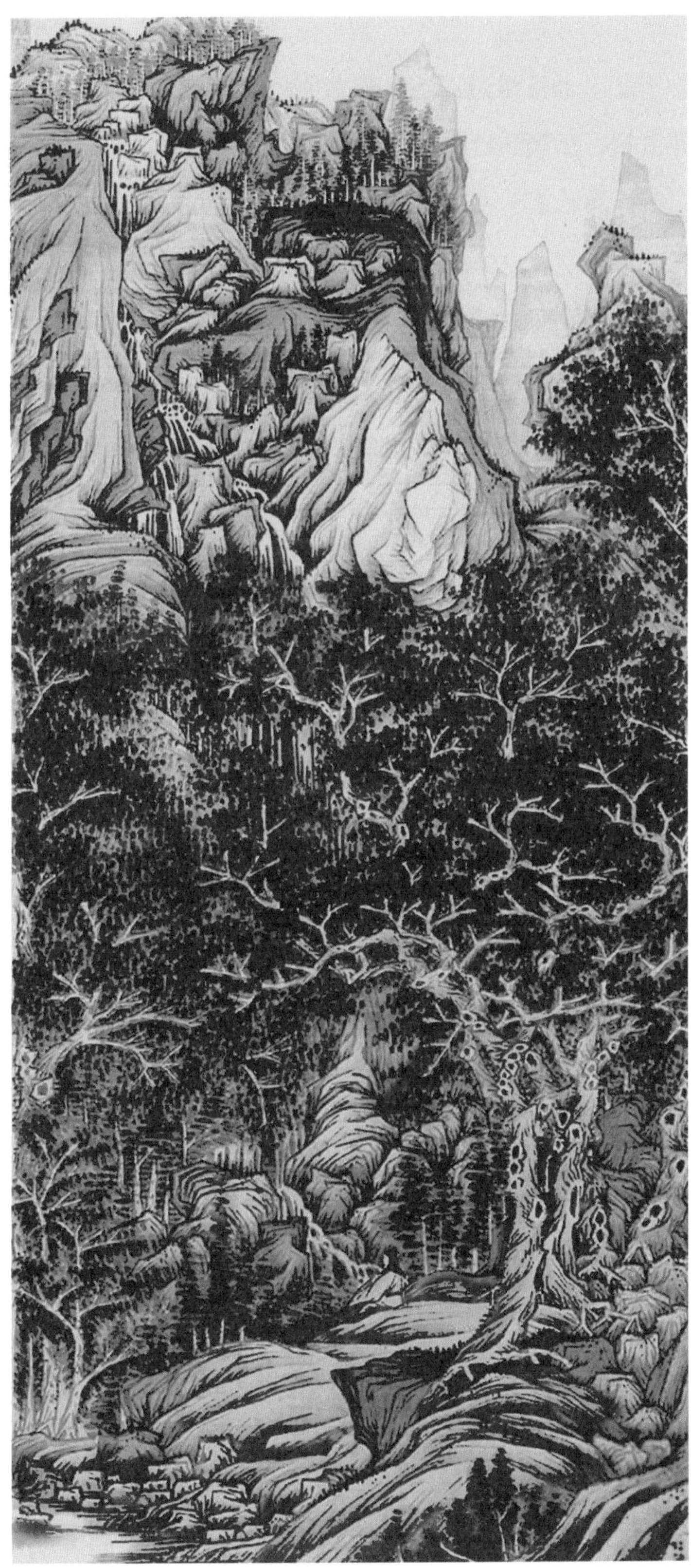

五泄山图轴（临摹）
陈洪绶（明代）

翠竹苍梧泪痕湿”之句，更加分明是以娥皇、女英思舜及“湘妃竹”之典故，揭示出琴曲浓浓感人的思念之情，亦进一步揭示出《潇湘水云》题解中“每欲望九嶷，为潇湘之云所蔽”的真实含义。因为九嶷山是潇水的发源地，而且舜“南巡狩，崩于苍梧之野，葬于江南九疑，是为零陵”，[62]故“望九嶷”应是“思舜”的另一种表达。结合前揭汪元量《衡山道中寄平远赵宣慰》中“望美人兮何许，水云隔断潇湘”之句，则更能显明“潇湘水云”其实是横在二妃与舜帝之间导致思之不得的屏障。因而琴曲《潇湘水云》所要表达的情绪便是一种思念及其引起的孤独、愁怨与避世。后人亦有诗解释其中含义，如明人乌斯道《潇湘水云》诗云：

英英水上云，乃在潇湘间。朝随江风出，暮逐江风还。盘旋复缥缈，遥连九疑山。重瞳不可见，但见江竹斑。明月照洲渚，于焉发长叹。[63]

明人龚经编释于约弘治四年（1491）前的《浙音释字琴谱》载有琴歌《渔歌》，虽托名柳宗元所作，但歌词已非柳宗元《渔翁》诗，只是十八段标题有“夜傍西岩”“晓汲湘江”“日出烟消”“欸乃一声”等，或出自《渔翁》诗，或与诗句相近，而每个标题下又另拟歌词，显是后人所编。十八段标题之第一段题名即是“潇湘水云”，该段歌词为：

家住吴楚大江头，浪花中，一叶扁舟。轻画桨，南北遨游，无累的那亦无忧，老天有意难留。去年今日，兰江渡口，今日湘浦也巴丘，任消愁。有那个青箬笠、绿蓑衣，碧莎红蓼白苹洲。丝纶短放却长收，忘机也友爱凫鸥，日月悠悠，水云浮浮。湘江湘江两岸秋，画桥绿水也通天流。落霞孤鹜，宿雨方初收。睡齁齁，梦悠悠，远迷蝴蝶到庄周。[64]

---

[62] 司马迁：《史记》卷一《五帝本纪》，中华书局，1959。
[63] 乌斯道：《春草斋集》，民国《四明丛书》本。
[64] 中国艺术研究院音乐研究所和北京古琴研究会编《琴曲集成》（第一册），查阜西、吴钊整理，中华书局，2010。

此处对“潇湘水云”的解释，正是扁舟湘江的避世与愁思之情感。由此，亦甚能令人愿意相信，汪元量所听到的徐天民弹奏的琴曲，很可能就是《潇湘水云》。

以上认识还是从《潇湘水云》题目及题解中获得，还有曲中十段标题未能得到解释。但至此该问题亦能迎刃而解了。看《潇湘水云》十段标题，同样符合潇湘文学意象情景，只是与其中的“和美自得”较为吻合。那么这一意象情景与前面所说的“恨别思归”的关系又该如何理解呢?

《潇湘水云》琴谱中的十段标题，很自然地会令人想到北宋时开始流行的山水画《潇湘八景图》。时人沈括在《梦溪笔谈》中记载道：

度支员外郎宋迪工画，尤善为平远山水，其得意者有“平沙雁落”“远浦帆归”“山市晴岚”“江天暮雪”“洞庭秋月”“潇湘夜雨”“烟寺晚钟”“渔村落照”，谓之“八景”。好事者多传之。[65]

可以看出，《潇湘水云》十段标题所呈现景名与《潇湘八景图》虽然无一相同，甚至还多出两景，但这仍与《潇湘八景图》有着密切联系。衣若芬教授的研究显示，宋迪的《潇湘八景图》出现后，模拟仿效拟定其他地方景名的络绎不绝，如同时代的苏轼有《凤翔八观》及《虔州八境图》题画诗，米芾有《都梁十景诗》；南宋更有仿“潇湘八景”的《西湖十景图》及其他地方八景（十景）的出现；金元则有《燕京八景》《嘉禾八景图》及其他地方八景（十景）等名称。可以说从十二世纪开始，从南方的福建麻沙到北方的河北固安，四字一组的地方八景广泛出现，形成特殊的八景现象，甚至因《潇湘八景图》的东传，邻国高丽与日本也产生了类似形式的地方八景。《潇湘八景图》及受其影响而产生的山水画及景名，都是受潇湘文学直接影响的产物，同样体现着潇湘文学的意象情景。[66] 由此来看，既然别处能仿效《潇湘八景图》别撰八景或十景，新编

[65] 沈括：《新校正梦溪笔谈》，胡道静校注，中华书局，1957。

[66] 衣若芬：《“江山如画”与“画里江山”——宋元题“潇湘”山水画诗之比较》，《中国文哲研究集刊》2003 年第 23 期。

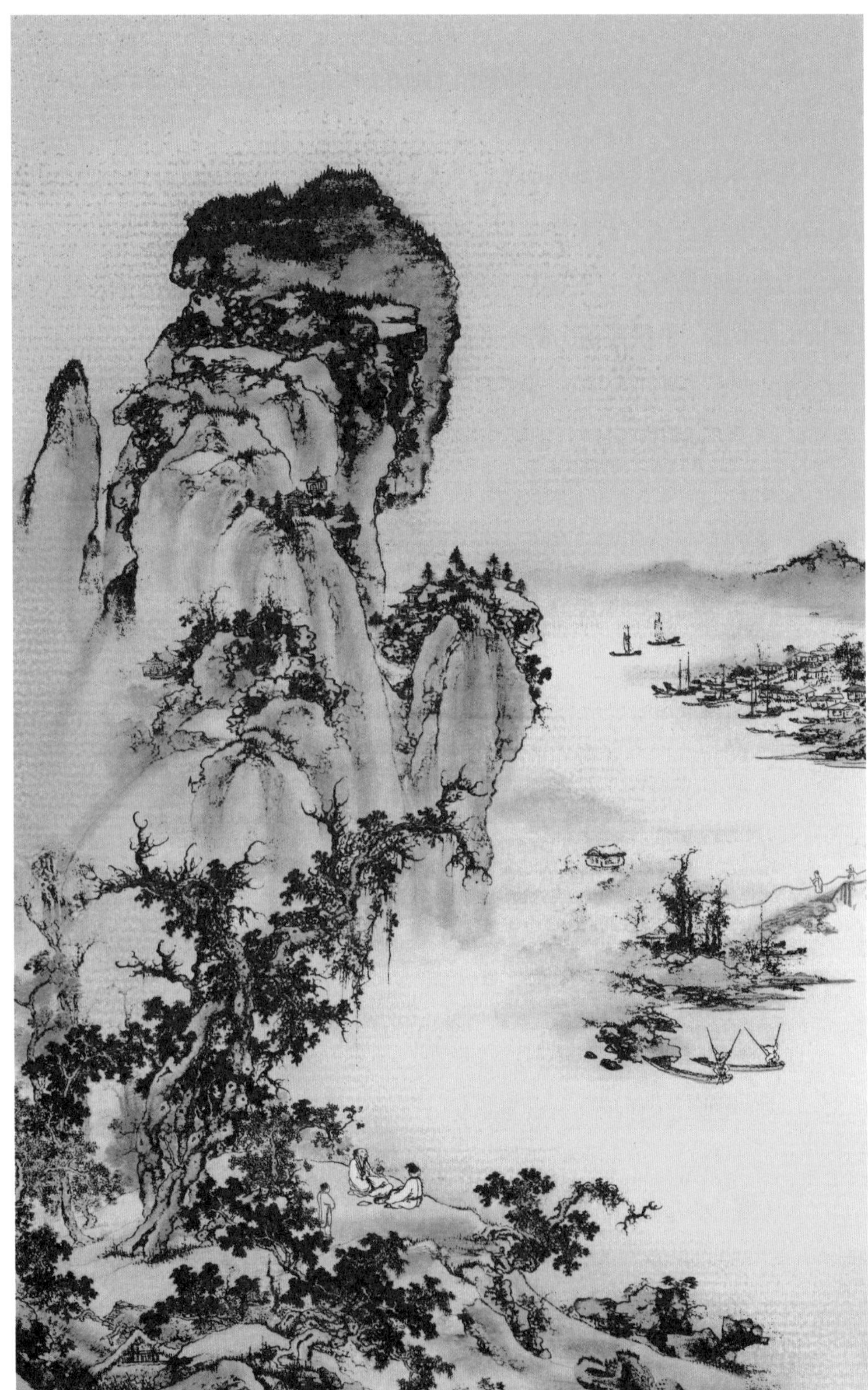

烟江远眺图（临摹） 朱端（明代）

潇湘十景就更在情理之中了。

《潇湘水云》十段景名虽与《潇湘八景图》景名不同，却有一点共同之处，即都是只有两景涉及特定地名，其余都是自然风光。不同的是地名中有“江汉”一名，似乎与潇湘距离较远，但从北宋米友仁的《潇湘奇观图》画的是镇江，南宋画僧牧溪和玉涧的《潇湘八景图》画的是西湖附近来看，这一点也就不难理解了。这正是“潇湘”已经成为一种超地域限制之文化典故的体现。[67]

从《潇湘水云》十段景名的字面来看，主要应是体现“和美自得”的潇湘意象情景，朱权《神奇秘谱》题解中“有悠扬自得之趣，水光云影之兴，更有满头风雨，一蓑江表，扁舟五湖之志”之表述，正是这一体现。但正如山水画一样，无论是“情景交融”还是“以景抒情”，风景都不是单纯的风景，而是通过如诗词一样的比兴创作手法，包含着情感的表达。那么，《潇湘水云》十段景名除了给人“和美自得”之感外，还表达出什么情感呢？细细寻绎，仍是表达着一种孤独、幽思之情。这首先从《浙音释字琴谱》等琴谱中所录《潇湘水云》的十段歌词可以得到印证。

现存琴谱中，约成书于弘治四年前的《浙音释字琴谱》和明天启五年（1625）陈大斌辑的《太音希声》所收录的《潇湘水云》琴谱，都在谱旁注有歌词，从歌词所排列的位置看，显是与琴曲相配可以边弹边唱的歌词。两个琴谱中无论歌词还是指法都不尽相同，屡有出入。但可以明显看出，歌词中的主要语句还是一样的，所存差异应是在流传中不断经人修改及误抄所致。两谱中歌词虽有出入，但所表现的意境却是相同无别的。十段歌词分别对应十段标题，应是明代琴人对每段标题的批注，表达出时人对《潇湘水云》意境之理解与表现。如第二段《江汉舒晴》歌词为：

江汉舒晴，水光云影，清清霁色烂霞明。好风轻，浮天浴日，白浪涌长鲸。壶天物外，幽情破沧溟，有客寄闲名。醉里醒醒，歌泽畔也那吊湘灵。[68]

---

[67] 衣若芬：《“潇湘”山水画之文学意象情境探微》，《中国文哲研究集刊》2002 年第 20 期。

[68] 中国艺术研究院音乐研究所和北京古琴研究会编《琴曲集成》（第一册），查阜西、吴钊整理，中华书局，2010。

江汉舒晴，看那水光云影，澄澄霁色粲霞明。好风轻，绿波中，壶天物外，舟泛沧溟。幽情有客也逃名。泽畔游行，只乐将鱼换酒，绿柳舟横。野渡无人，芦荻两岸桃花红。沉醉还醒，酣歌一曲吊湘灵。[69]

从各段歌词中所见：“扁舟”“渔翁”“九嶷何处岭”“不堪目极心孤”“不受殷周聘，世浊我清”等可以看出，《潇湘水云》十段景名，从“洞庭烟雨”到“影涵万象”，表面上是写景色的变化，但体现的则是人的情感从绵绵情思经历动静跌宕，到豁达深邃的升华。但其中挥之不去的仍是以隐逸为姿态的孤独、失意与幽思情怀。在这里，潇湘意象情景实现了融通或统一。

明代以后，《潇湘水云》十段景名，或见于诗词，或见于散曲，多是表现此类情感。如关于“洞庭烟雨”，明代《耳谈类增》之《王玉英》篇有诗云：

洞里仙人路不遥，洞庭烟雨昼潇潇。莫教吹笛城头阁，尚有销魂乌鹊桥。[70]

关于“水接天隅”，元人杨朝英《朝野新声太平乐府》之《大都行院王氏》篇载：

【寄情人】江景萧疏，那堪楚天秋暮。战西风，柳败荷枯。立夕阳，空凝伫。江乡古渡，水接天隅。眼弥漫，晚山烟树。[71]

《潇湘水云》琴曲表达幽思之情，在后世文献中亦能得知。如明代高濂的《玉簪记》记曰：

妙常连日冗冗俗事，未曾整此冰弦。今夜月明风静，水殿生凉，不免弹《潇

[69] 中国艺术研究院音乐研究所和北京古琴研究会编《琴曲集成》（第九册），查阜西、吴钊整理，中华书局，2010。
[70] 王同轨：《耳谈类增》，吕友仁、孙顺霖校点，中州古籍出版社　1994。
[71] 杨朝英：《朝野新声太平乐府》，隋树森校订，中华书局，1958。

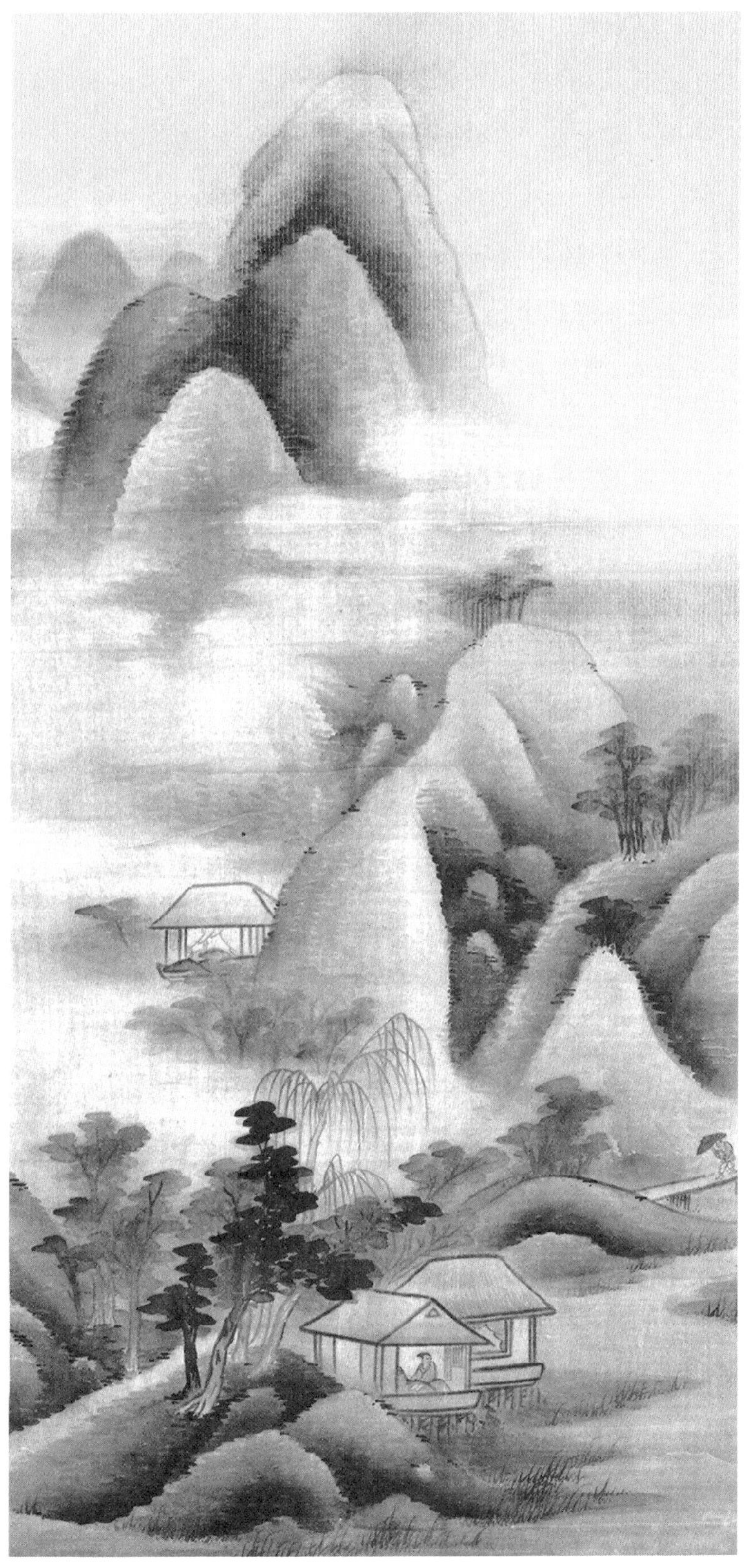

烟雨著书图（临摹）
汪智（清代）

湘水云》一曲，少寄幽情，有何不可？[72]

清人吴慈鹤《念奴娇·松鹤庐听林征士弹〈潇湘水云〉》称：

幽庐春远，借冰弦、唤醒平湖烟月。七泽三湘曾未到，淼淼银流千尺。绀玉波宽，锦鳞风小，此地人初别。楚天浓暖，香兰将老时节。早又蓼屿全衰，苹烟半冷，听萧萧枫叶。云水无凭千万叠，恐与高人长绝。惊起湘妃，暗弹清泪，斑竹秋生血。衔杯罢抚，子规啼梦江国。[73]

清人张梁琴意诗《潇湘水云》称：

潇湘之水清且深，上下一碧涵古今。白云在天亦在水，弥漫滉瀁连江浔。九疑之山相萦带，虞帝于此曾登临。松杉榕梧百围大，望之不见愁人心。昔日筑台赋八景，此景未闻入歌吟。风排浪涌散还聚，月射波翻晴复阴。涓涓细籁漱幽壑，浩浩洪涛扬远岑。水鸟风帆互出没，玉沙锦石空浮沈。岂无澄明好天气，倏忽变换不可寻。张衡《四愁》愁未已，刘向《九叹》叹难禁。我目未睹耳则闻，三尺六寸徽黄金。永嘉郭君制此曲，遥和骚人千载音。[74]

由此亦可看出，直到清代，仍有不少琴家及文人将《潇湘水云》意境阐释为幽思与愁怨之情调。

五、结语

综上所述，琴曲《潇湘水云》的意境及源流等问题应是昭然可见。该曲很

[72] 高濂：《玉簪记》卷下第十六出《寄弄》，中华书局，1959。
[73] 黄燮清：《国朝词综续编》卷六，同治十二年刻本。
[74] 徐世昌：《晚晴簃诗汇》卷五九，退耕堂刻本。

可能不是郭沔所作，而是其弟子徐天民所传的一首古曲。其题目和十段标题意境相一致，所表达的乃是古代文人的潇湘情怀。在此意境表达中，潇湘文学意象情景的“恨别思归”和“和美自得”两个特征，得以完美结合与统一，但孤独幽思仍是其中的主要情感元素和基调，只是在表现中颇具起伏跌宕而呈豁达深邃之境界。因潇湘情怀中“恨别思归”之意境包含左迁流寓文学传统，从而与屈原、贾谊等人的遭遇相关，而“和美自得”之意境又引申出“隐者”情思，故在宋元之际颇能成为遗民群体的情感寄托。因此之故，应是从元代始，这一琴曲便与遗民心结关联在一起，从而被赋予“以寓惓惓之意”的思想内涵。但在更多的文人之间，此曲表达幽思情怀的意境，仍在广泛地被接受并加以流传，以至于清代文人在叙及《潇湘水云》时，仍表达出这种理解与诠释。但因“以寓惓惓之意”的题解被明代朱权的《神奇秘谱》所著录，遂使这一题解中的附加之意传播开来，被不少琴家和琴谱编纂者继承和发扬。又因后世琴家和文人对于潇湘文学意象情景问题的隔膜，亦使“以寓惓惓之意”的题解与曲中十段名称的矛盾成为悬疑问题。应是清末民初之际，“以寓惓惓之意”之题解又与中国当时民族危机的社会现实相因应，导致琴家和音乐史家们从郭沔经历出发，将《潇湘水云》的创作背景置于南宋开禧北伐或元军南下的历史环境中加以理解，阐发出具有国家、民族意识的忧愤情怀。该琴曲的打谱与演奏风格，亦朝着这一情感变化，而使该琴曲渐失其本初意境。

通过《潇湘水云》的题解及意境流变还可充分看出，除了诗文书画之外，音乐作品也是文人士大夫们表达思想感情的重要媒介和知识载体，而其中亦体现出中国文化发展中复杂的历史内涵。然而琴曲《潇湘水云》所反映的还只是问题的一小部分，更多的音乐史问题仍有待深入梳理。目下来看，音乐史中有关《潇湘水云》的史实问题或可重新叙述，而对《潇湘水云》琴曲重新打谱，更有重要的学术价值和艺术魅力。

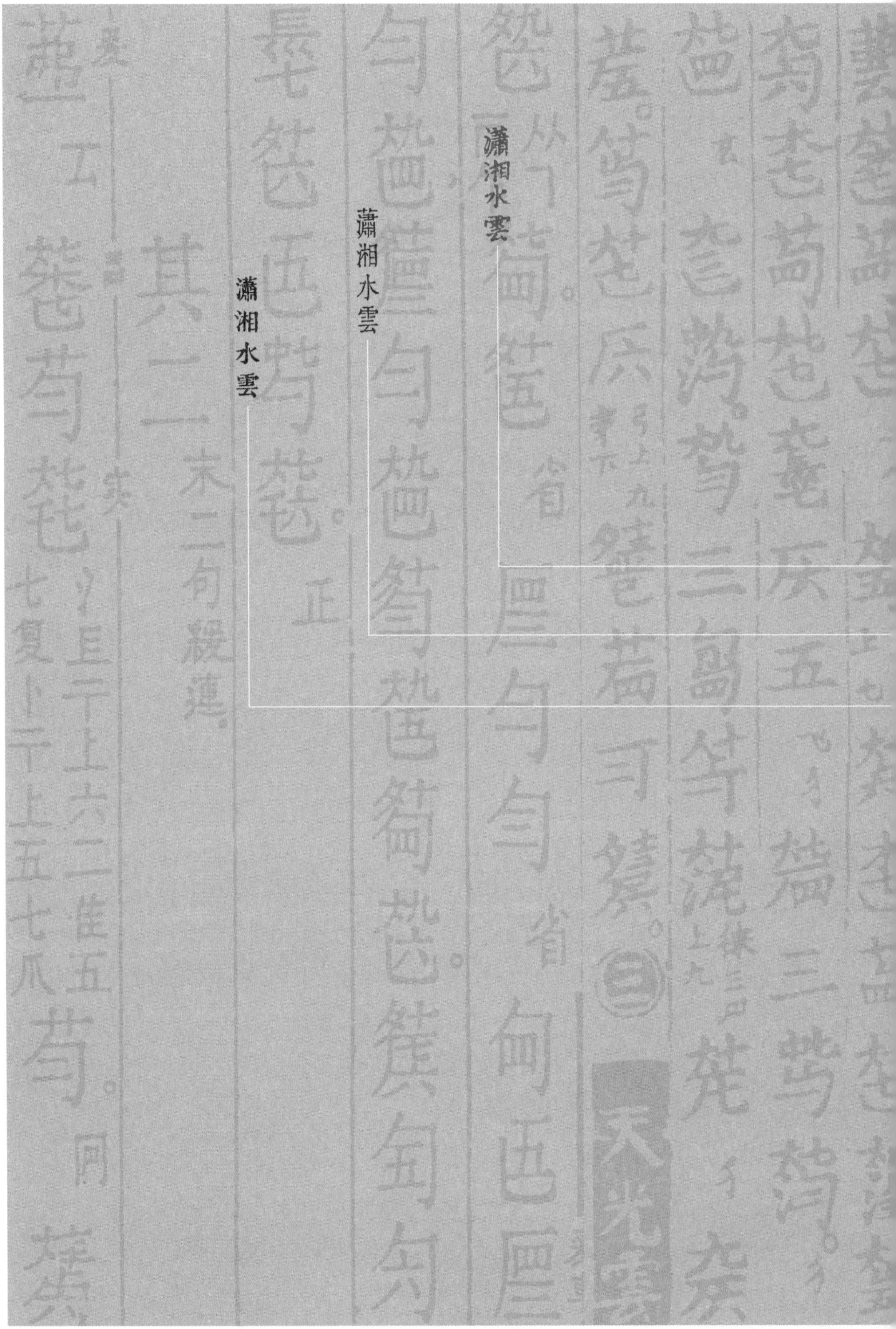

瀟湘水雲

瀟湘水雲

瀟湘水雲

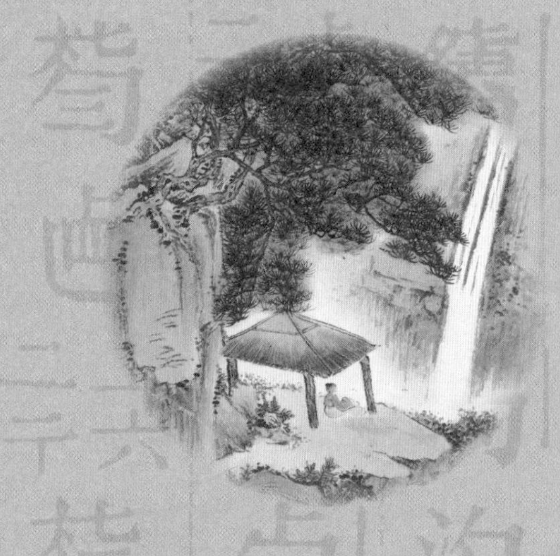

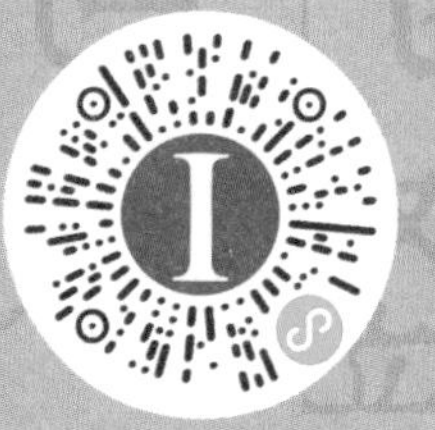

微信扫码听曲

臞仙神奇秘譜

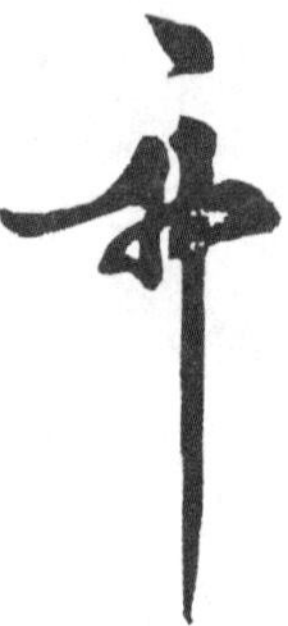

谱书概述

《神奇秘谱》，明刻本，三卷，明朱权辑。朱权（1378—1448），明太祖朱元璋第十七子，封宁王，号臞仙，又号涵虚子、丹丘先生。洪熙乙巳年（1425）朱权自序云："今是谱乃予昔所受之曲，皆予之心声也，其一字、一句、一点、一画，无有隐讳。其名鄙俗者，悉更之以光琴道。故不凡于俗，刊之以传于世，使天下后世共得之，故不致泯于后学。屡加校正，用心非一日矣。如此者十有二年，是谱方定。"

上卷为《太古神品》，收十六首作品，保存了唐、宋时期流传的古琴谱。如《遁世操》《华胥引》《古风操》《玄默》《招隐》《获麟》《秋月照茅亭》《山中思友人》等。朱权认为这些古曲"乃太古之操，昔人不传之秘"。并从当时传曲中精心挑选了历史价值较高的"太古"传谱，如《阳春》《小胡笳》《酒狂》等北宋以前的名曲，"世有二谱"的《广陵散》以及唐代广为流传的名曲《高山》《流水》等。

中、下卷为《霞外神品》，收琴曲四十八首。传谱是朱权"昔所受之曲"。如《白雪》《猗兰》《雉朝飞》《楚歌》《乌夜啼》《大胡笳》《潇湘水云》《樵歌》等曲，这些作品曾长期活跃于古代琴坛，具有旺盛的艺术生命力与表现力。《琴曲集成》中，查阜西《〈神奇秘谱〉据本提要》："《霞外神品》是研究元明之际浙派琴艺的重要资料。"[1]

《神奇秘谱》中所辑录的琴曲，除了中卷与下卷中的十四首以单纯调性为

[1] 刘硕：《从朱权〈神奇秘谱〉看明代古琴谱的传承与演变》，硕士学位论文，南京师范大学，2014。

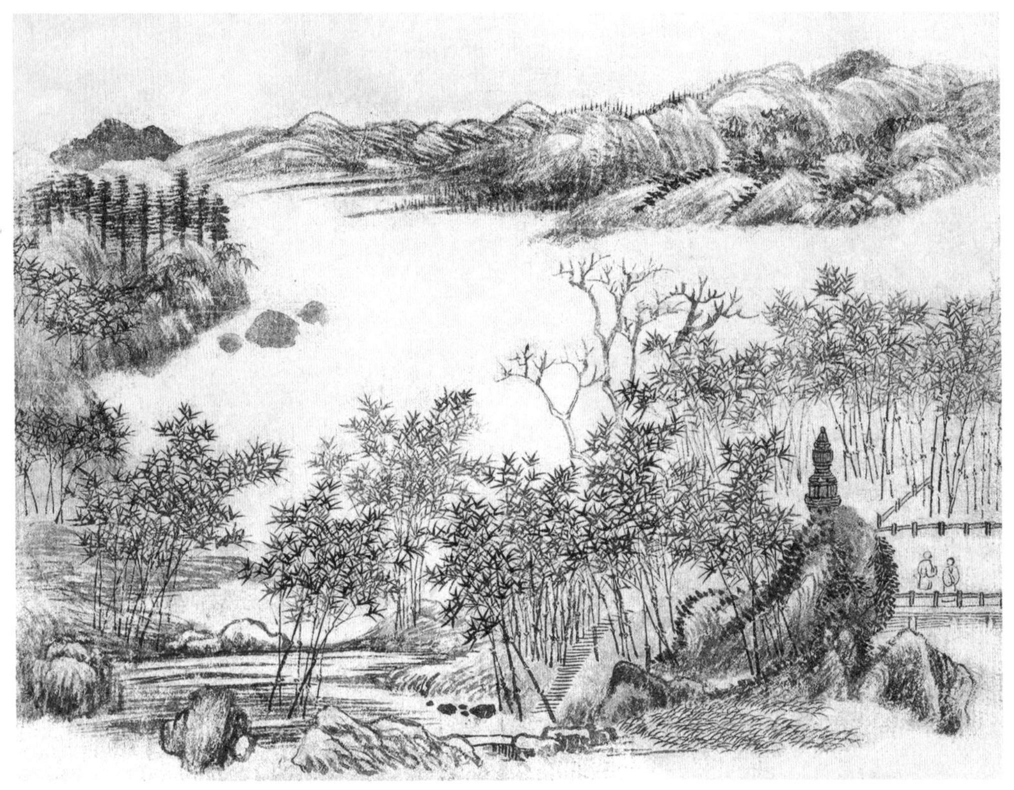

云西潇湘妙趣图（临摹）
毕涵（清代）

标题，并配以简短谱例来说明该曲调式特点外，其余五十首中长篇古琴曲绝大多数在谱例前配有**“题解”**。这些**“题解”**有些是关于该曲的背景介绍及琴曲的渊源演变情况的介绍，有的连音位、指法、段落都标写得很清楚。这些内容为古琴曲渊源的研究提供了重要的参考依据。

朱权在编纂《神奇秘谱》时主张尊重各家各派的特点，认为“其操间有不同者，盖达人之志也，各出乎天性，不同于彼类”，“各有道焉，所以不同者多，使其同，则鄙也”。基于这样的思想，该谱在音乐风格方面保留了不同地域、不同琴派的精华，由此被后人广泛称颂。

本编所录《潇湘水云》一曲位于琴谱下卷《霞外神品》第十曲，蕤宾调，紧五一徽，凡十段。

瀟湘水雲

臞仙曰。是曲者。楚望先生郭沔所製。先生永嘉人。每欲望九嶷。為瀟湘之雲所蔽。以寓惓惓之意也。然水雲之為曲。有悠揚自得之趣。水光雲影之興。更有滿頭風雨。一蓑江表。扁

舟五湖之态

(一) 洞庭烟雨

(二) 江汉舒晴

一水结合光云影

(三) 天光云影

一水结合光云影

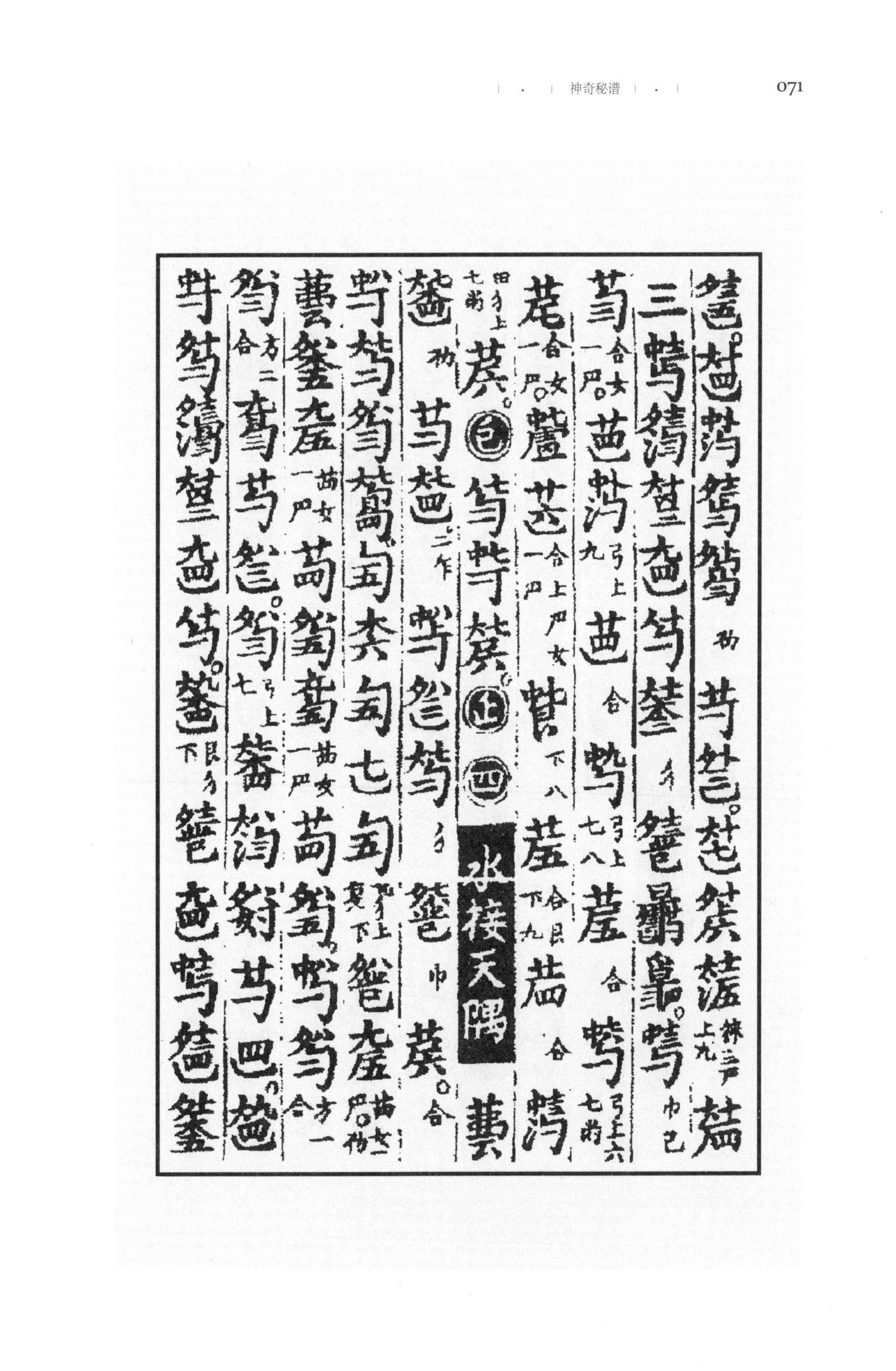

水接天隅

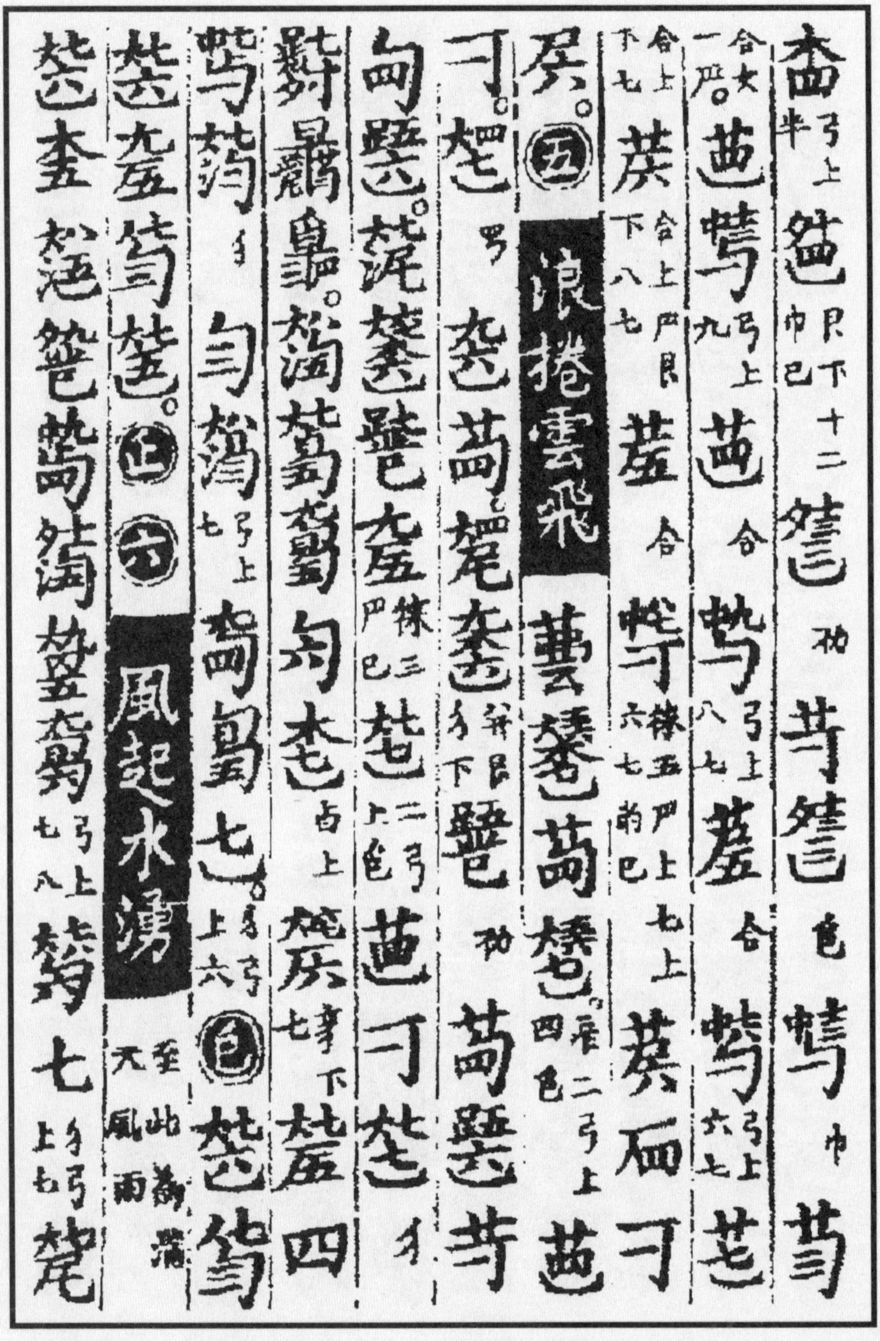

（五）浪捲雲飛

（六）風起水湧

（七）

至此爲滿天風雨

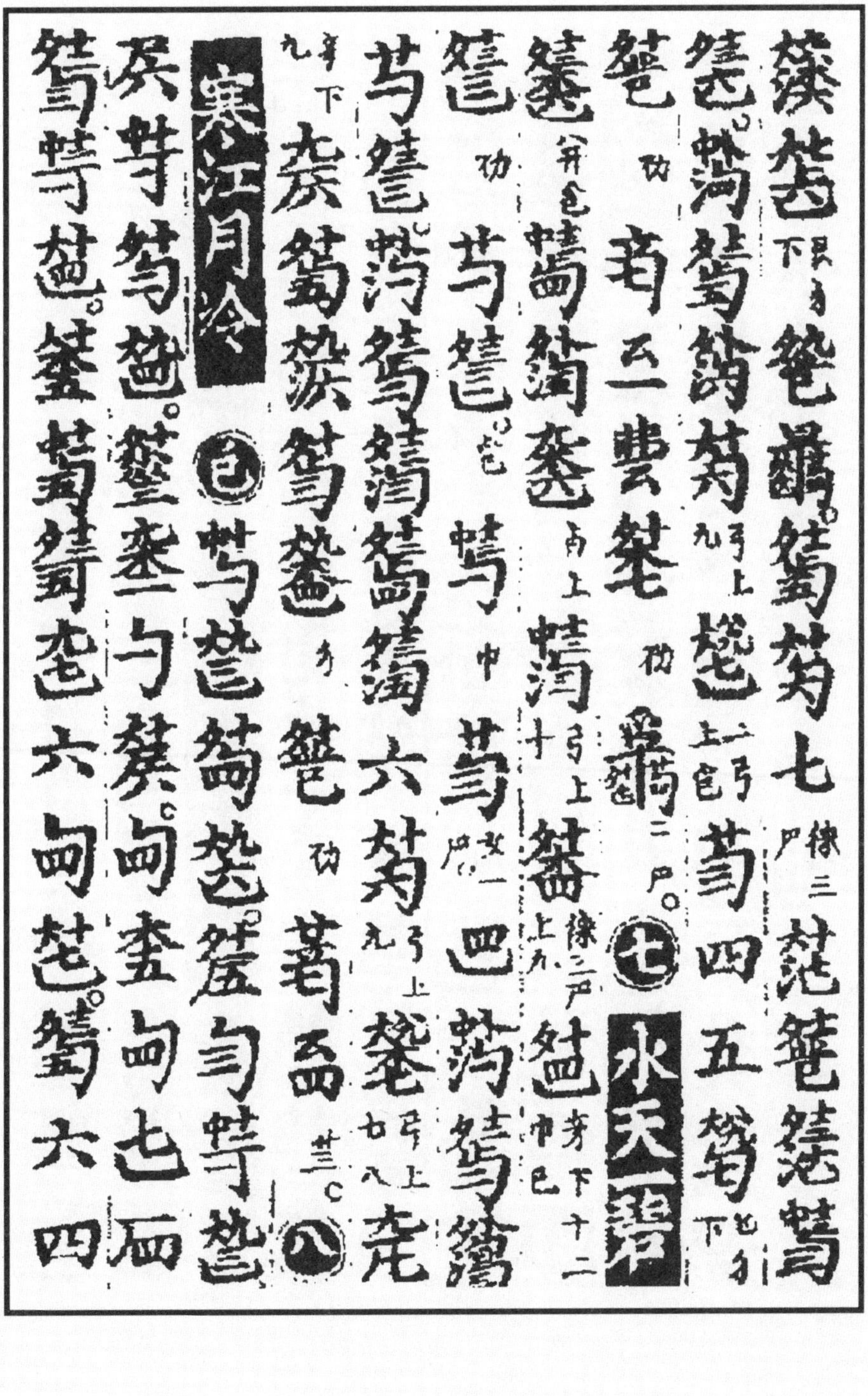

七

水天一碧

八

寒江月冷

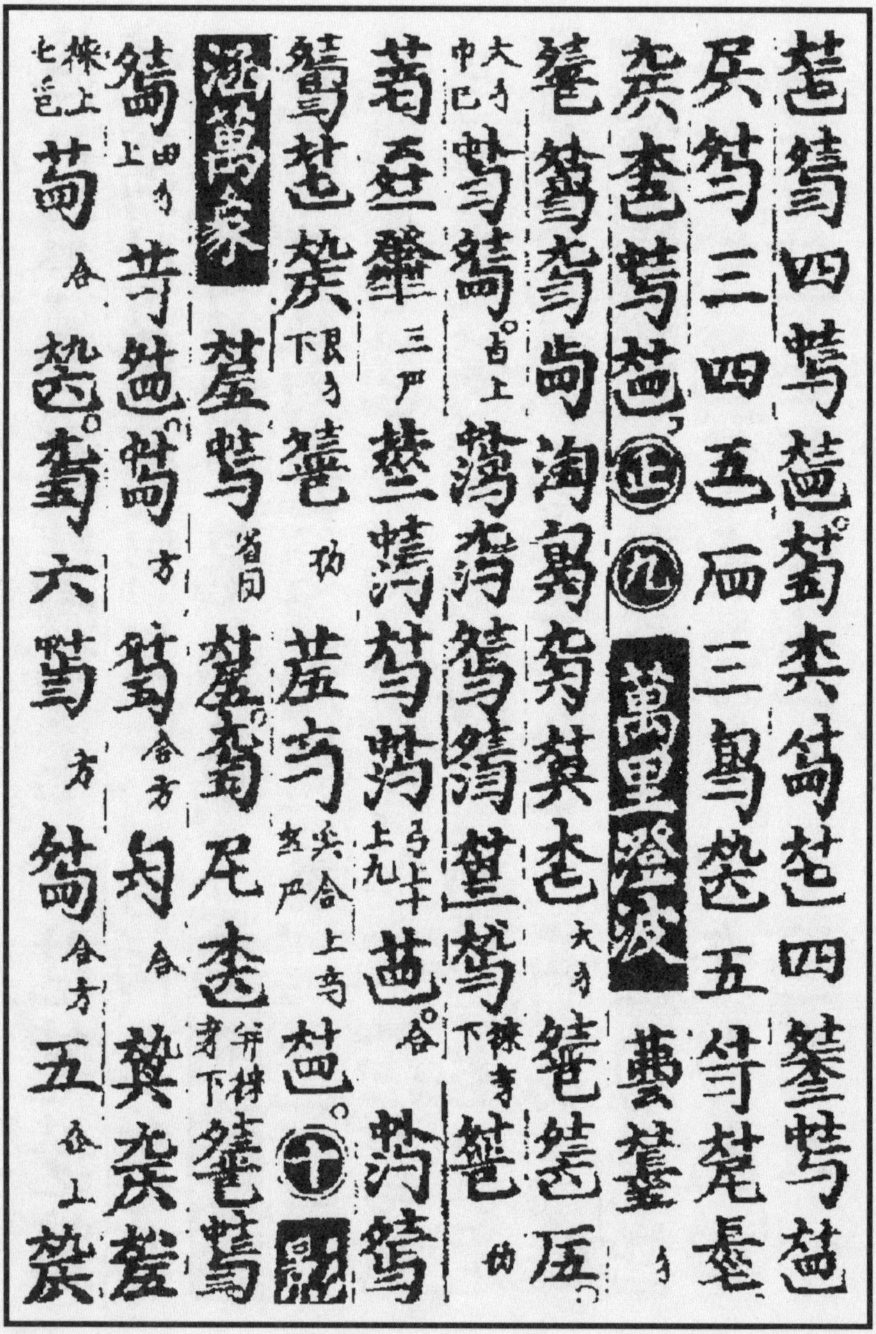

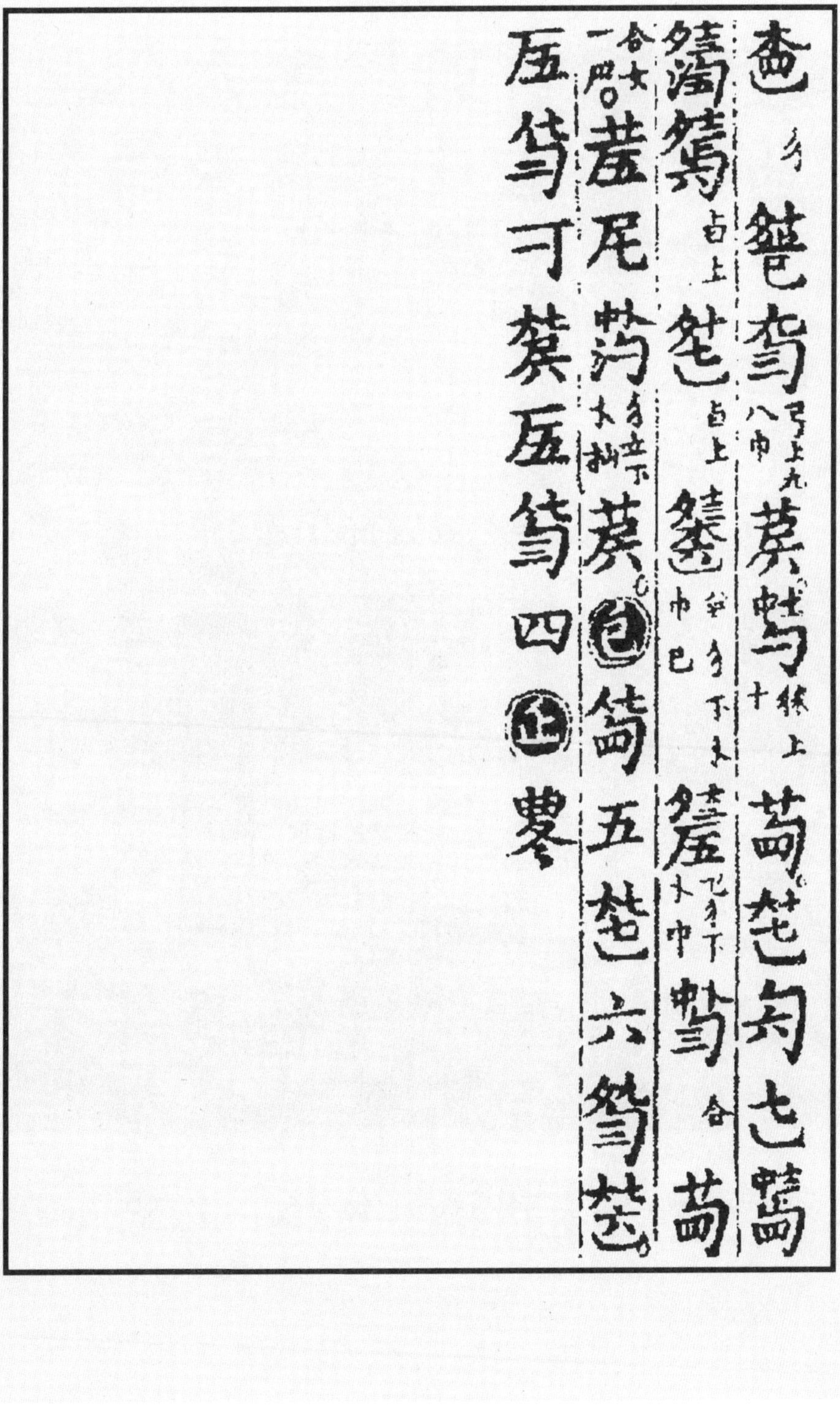

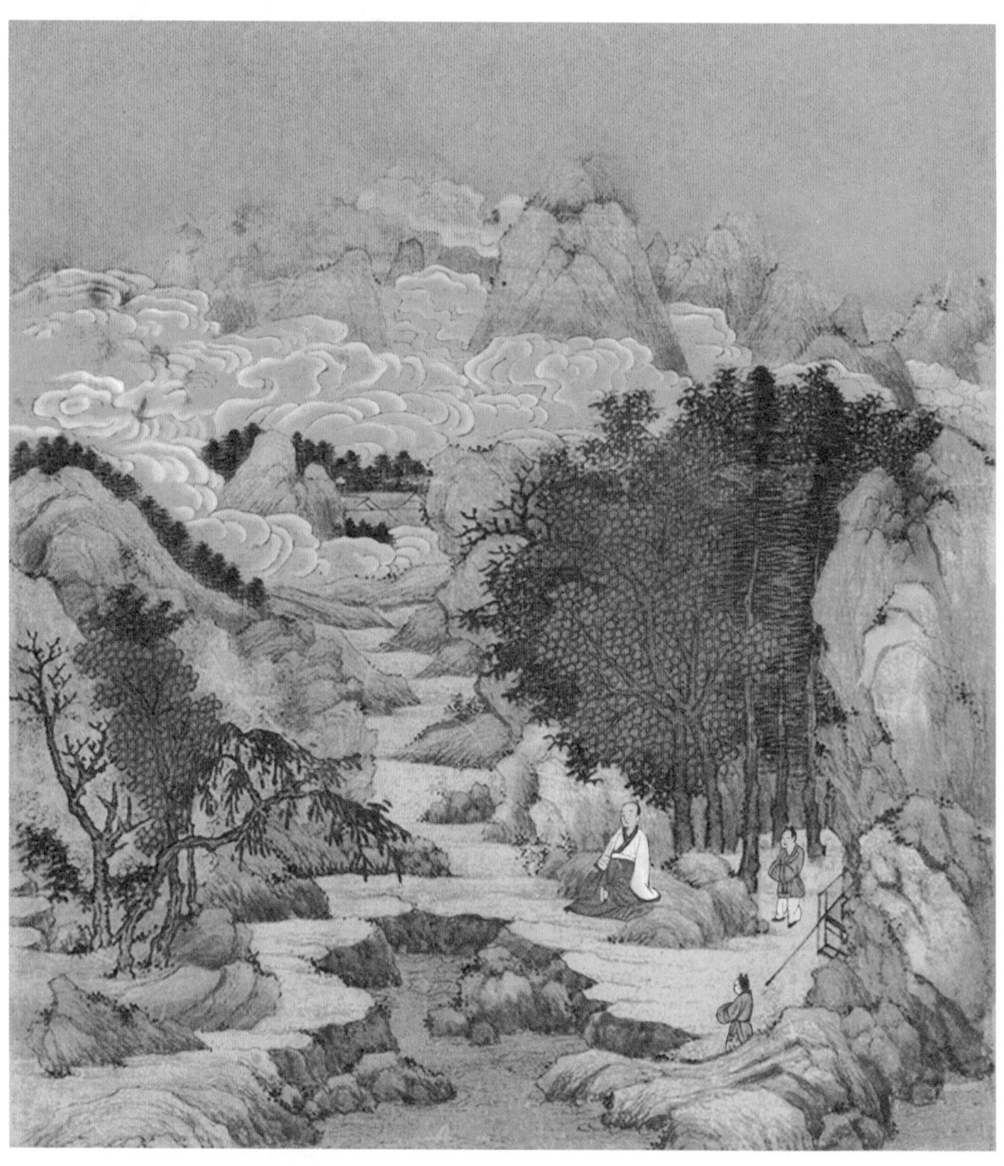

丹林诗思图（临摹）
萧照（南宋）（传）

曲谱题解

臞仙[1]曰，是曲者，楚望[2]先生郭沔所制。先生永嘉人，每欲望九嶷[3]，为潇湘[4]之云所蔽，以寓惓惓[5]之意也。然水云之为曲，有悠扬自得之趣，水光云影之兴，更有满头风雨，一蓑江表，扁舟五湖之志。

一　洞庭烟雨

二　江汉舒晴

三　天光云影

四　水接天隅[6]

五　浪捲（卷）云飞

六　风起水涌

七　水天一碧

八　寒江月冷

九　万里澄波

十　影涵万象

注释

[1] 臞仙：朱权，号臞仙，又号涵虚子、丹丘先生。明代戏曲理论家、剧作家，明太祖朱元璋的第十七子。

[2] 楚望：郭沔，字楚望，永嘉（今浙江温州）人，南宋杰出的古琴演奏家、作曲家、教育家，“浙派古琴”创始人。郭沔以琴知名，终身未仕，曾在张岩门下做清客，将南宋大臣韩侂胄祖传古谱和民间传谱合编为《琴操谱》十五卷、《调谱》四卷。

[3] 九嶷：山名。在湖南宁远县南。

[4] 潇湘：近代一般用作湘东、湘西、湘南三地区的合称，后泛指湖南全省。“潇湘”一词始于汉代。《山海经·中山经》言湘水“帝之二女居之，是常游于江渊。澧沅之风，交潇湘之渊”。到唐代中期，“潇湘”不单意指湘水，还被诗人们衍化为地域名称。自宋以来，人们多以“三湘”代指湖南。潇，指湖南省境内的潇水河；湘，指的是横贯湖南的河流——湘江。

[5] 惓惓：真挚诚恳。《汉书·楚元王传第六》：“念忠臣虽在圳亩，犹不忘君，惓惓之义也。”《初刻拍案惊奇卷》三〇：“多感君侯惓惓垂问，某有心事，今不敢隐。”也作“卷卷”“拳拳”。

[6] 天隅：天边，或者极远的地方。

译文

朱权说，这首曲子是楚望先生郭沔创作的。楚望先生是浙江永嘉人，每当他远望九嶷山，都见九嶷山被潇湘二水之云气所遮蔽的情景，因此有感而发，作这首曲子寄托拳拳之心。《潇湘水云》一曲，有悠扬舒畅的情趣，有水光云影的兴味，更有迎风湖上，披戴蓑笠，执竿泛舟的志趣。

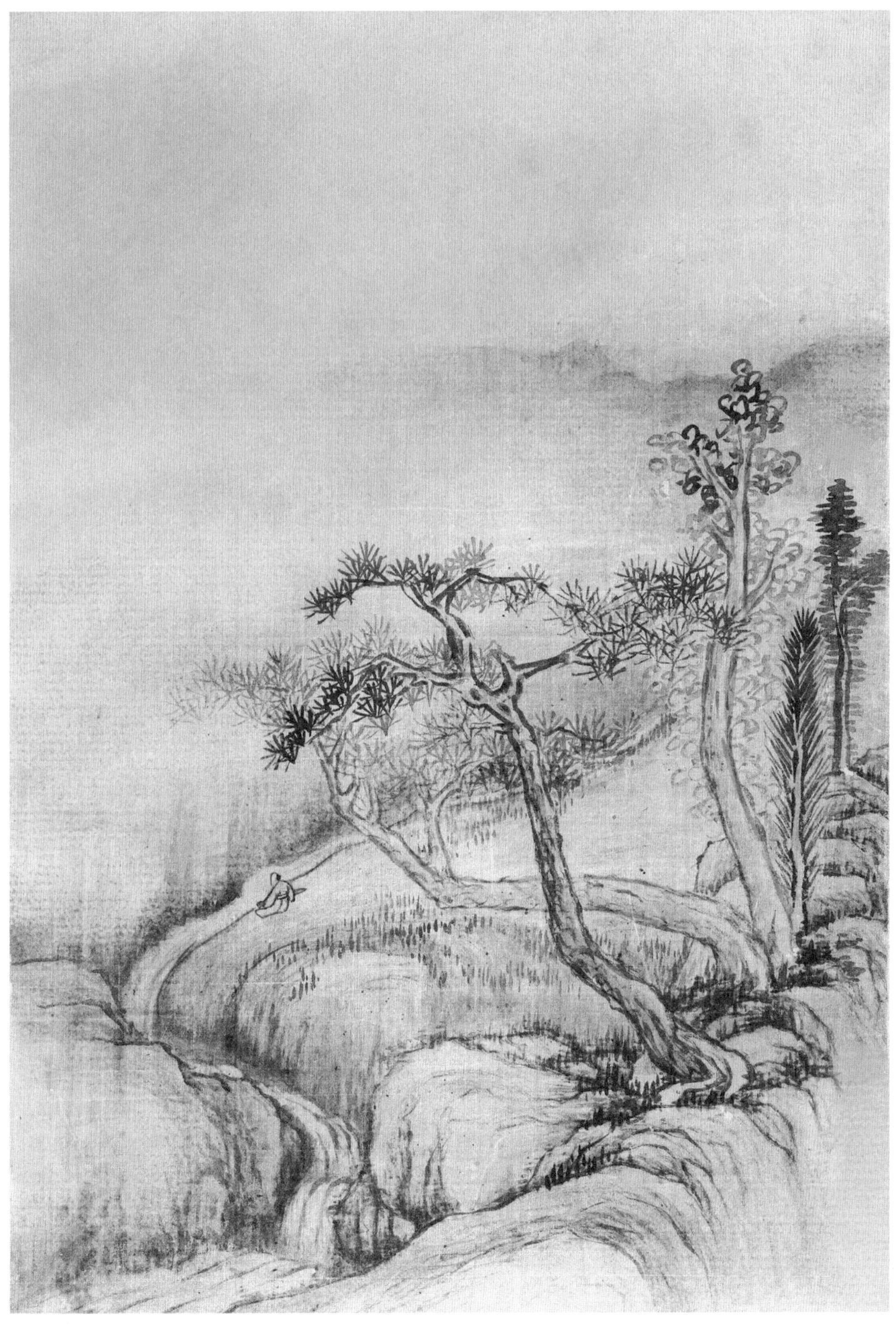

临流抚琴图（临摹）
张熙（清代）

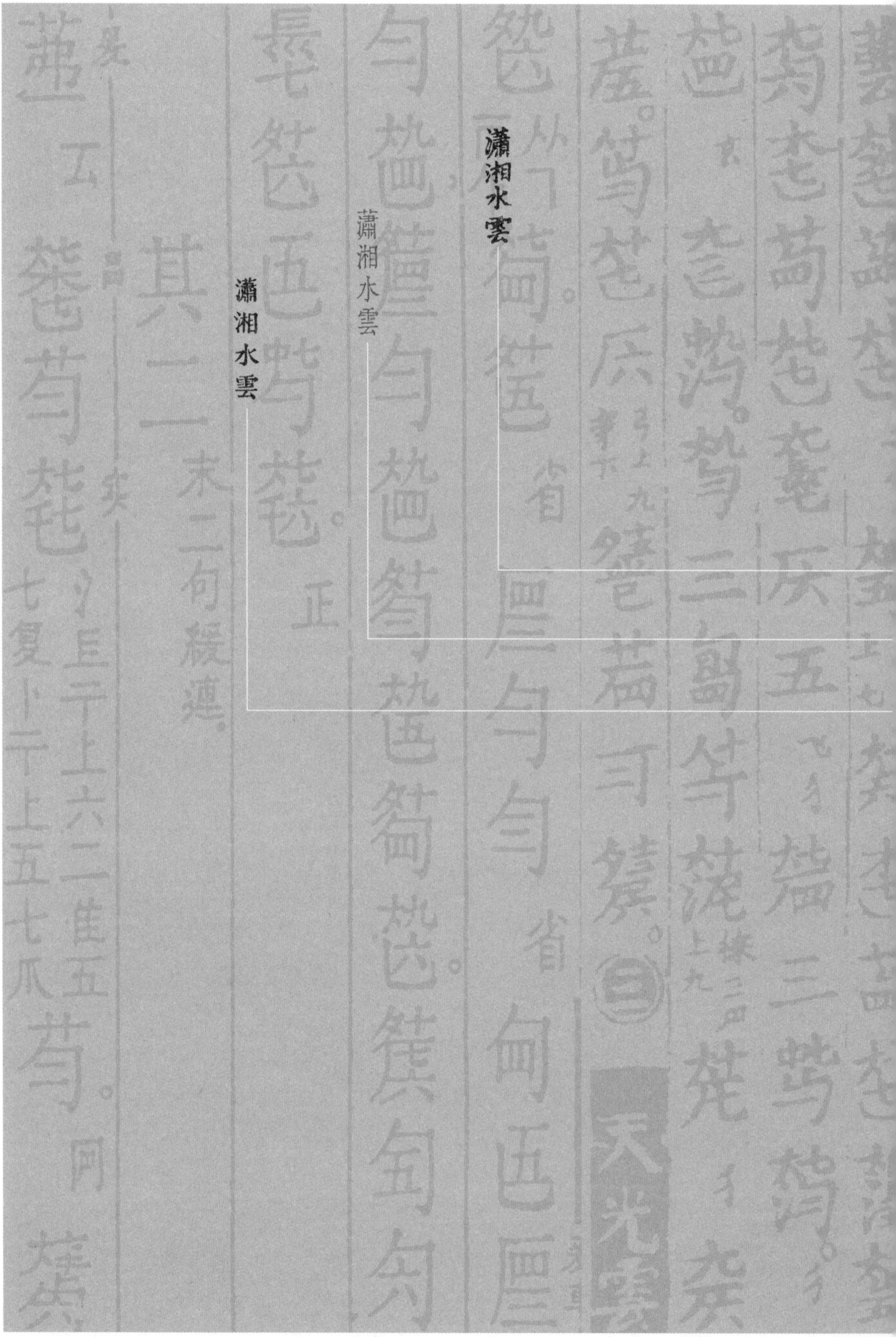

瀟湘水雲

瀟湘水雲

瀟湘水雲

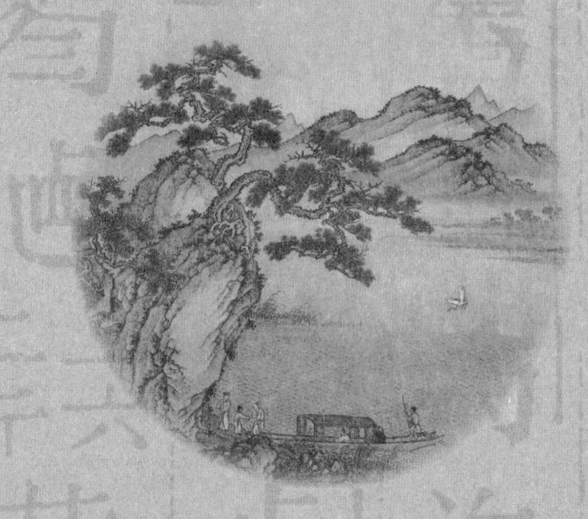

A 神奇秘谱

B 五知斋琴谱

C 自远堂琴谱

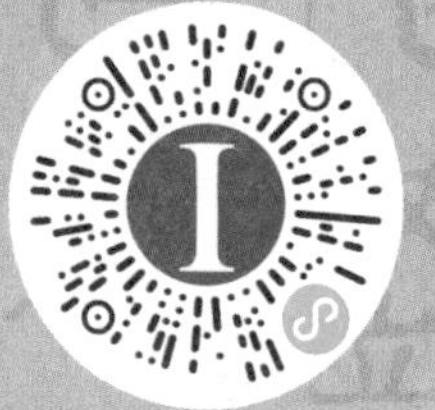

微信扫码听曲

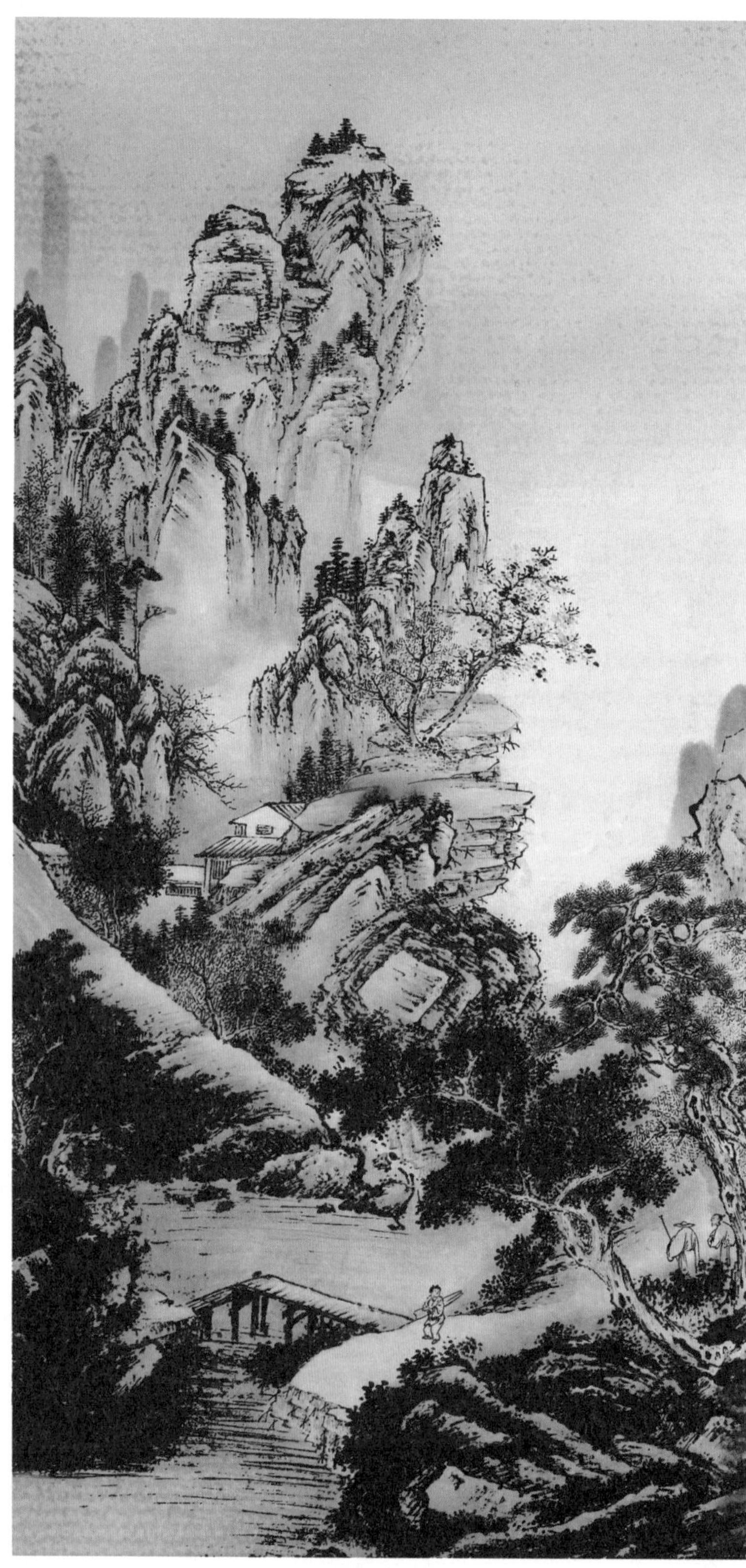

携琴访友图（临摹）
吴历（清代）

谱书概述

《五知斋琴谱》，清刻本，八卷，周鲁封汇纂。每卷前均有“古琅老人徐祺大生鉴定，会稽黄镇仲安参订，男俊越千校，燕山周鲁封子安汇纂”款识。书前有黄镇序、徐俊序、周鲁封序。徐俊序云：“余先大人质秉羲皇，性无杂嗜，惟徽音一道，殚毕生精力讲求不厌，每以正琴学为己任。于是历燕、齐、赵、魏及吴楚、瓯越间，日觅幽人同调、高士心音，以佐己之指叶。其间之可因可草，精细推敲至三十余年之久，始成一帙，不觉喟然叹曰：兹谱差得其正矣。己酉岁即欲登诸梨枣，不果。延至丁卯冬，余游八闽，拟成先大人未尽之志，将及付梓，又不果。屈指于今，谱秘笥中五十四载矣。前年，适余过皖江，晤子安周君，亦具琴癖，雅好古乐，与余探讨琴学之奥旨，深得玄妙……因知余有先大人谱稿，商授剞劂，以公海内。余不禁欣然起谢，兼请参订而重较之。穷思数十年有志而未逮者，乃于今日成之，余何幸。”

卷一为琴论部分，包括上古琴论、五音统论、指法纪略、抚琴要则、上弦法、调弦法、琴学须知注解、历代弹琴圣贤、历代琴式、五音十三徽论考、左右手指法释义等内容。卷二至卷八为曲谱，共收琴曲三十三首。

本编所录《潇湘水云》一曲位于琴谱卷八第一曲，蕤宾调，紧五一徽，凡十八段，熟派。

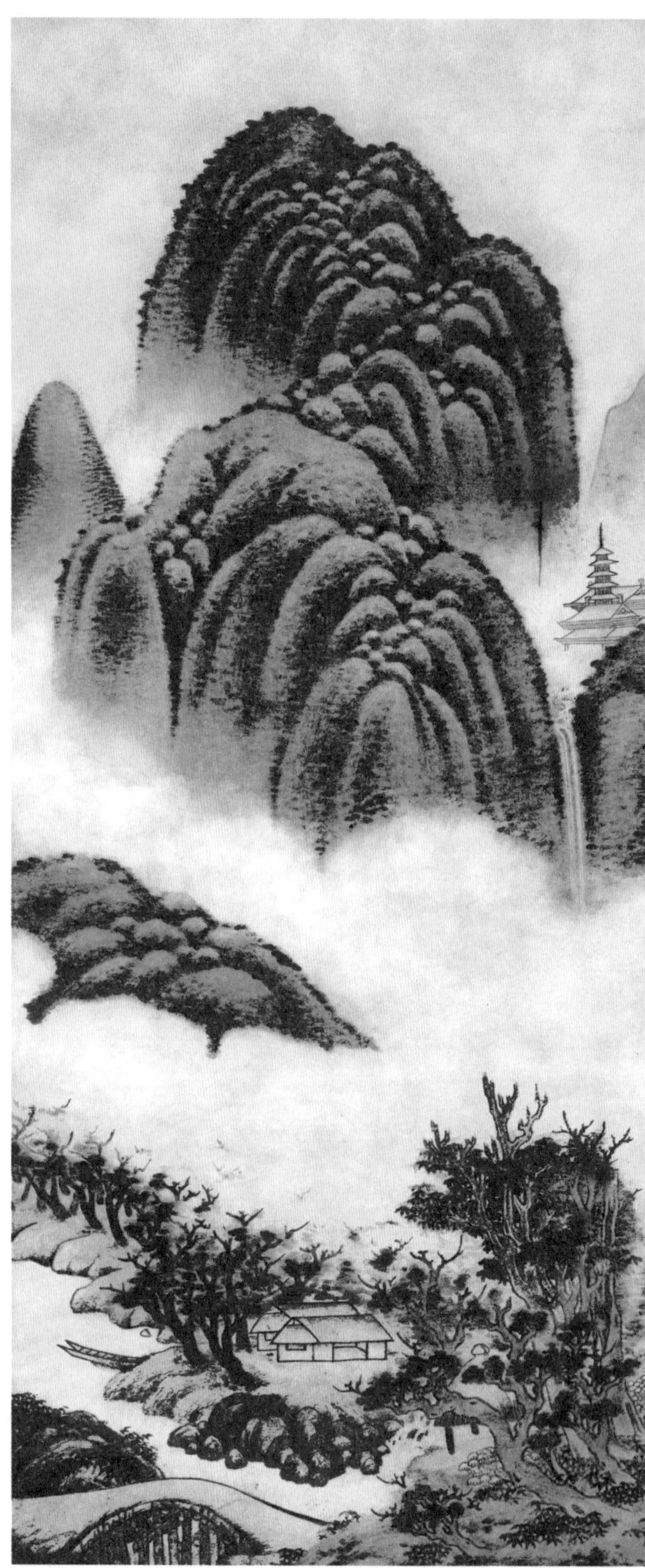

春云晓霭图（临摹）
高克恭（元代）

五知齋琴譜卷之八

會稽黃 鎮仲安氏訂

古瑯老人徐 祺大生鑒定——男 俊越千——校

燕山周魯封子安氏纂

瀟湘水雲 蕤賓調，緊五一徽，凡十八段，熟派。

宋郭楚望所作也。因泛滄浪，遠望九疑，雲水淹映，感慨係之，時值天中，陽氣漸衰，蕤賓少和，故賓位于五月也。音清和暢，自三段至尾，皆本曲趣味，抑揚悟逸，自四至八段，全在兩手盤活，如雲水之奔騰，連而圓潔，方得曲之旨也。

其一

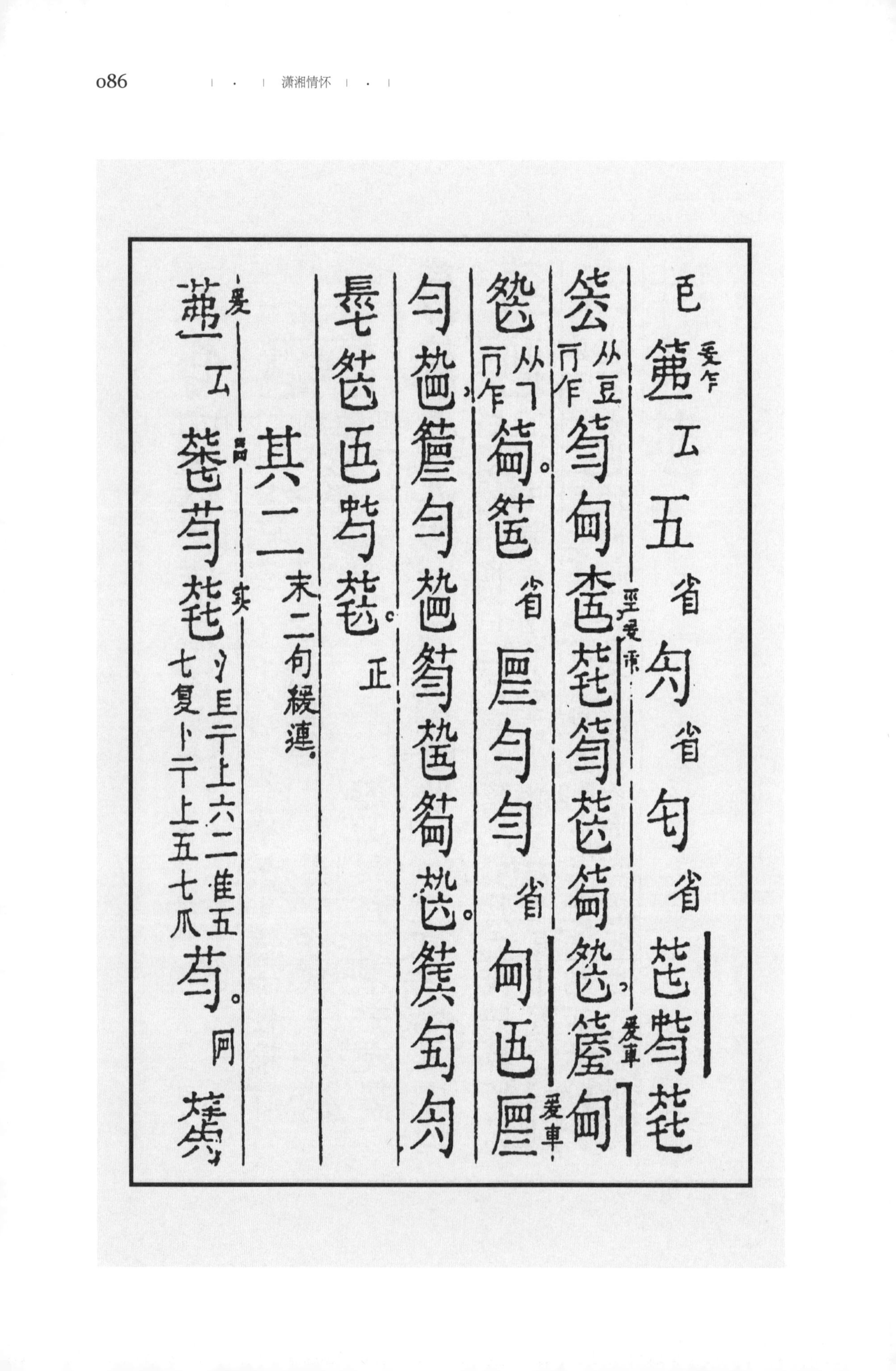

其二 末二句緩連。

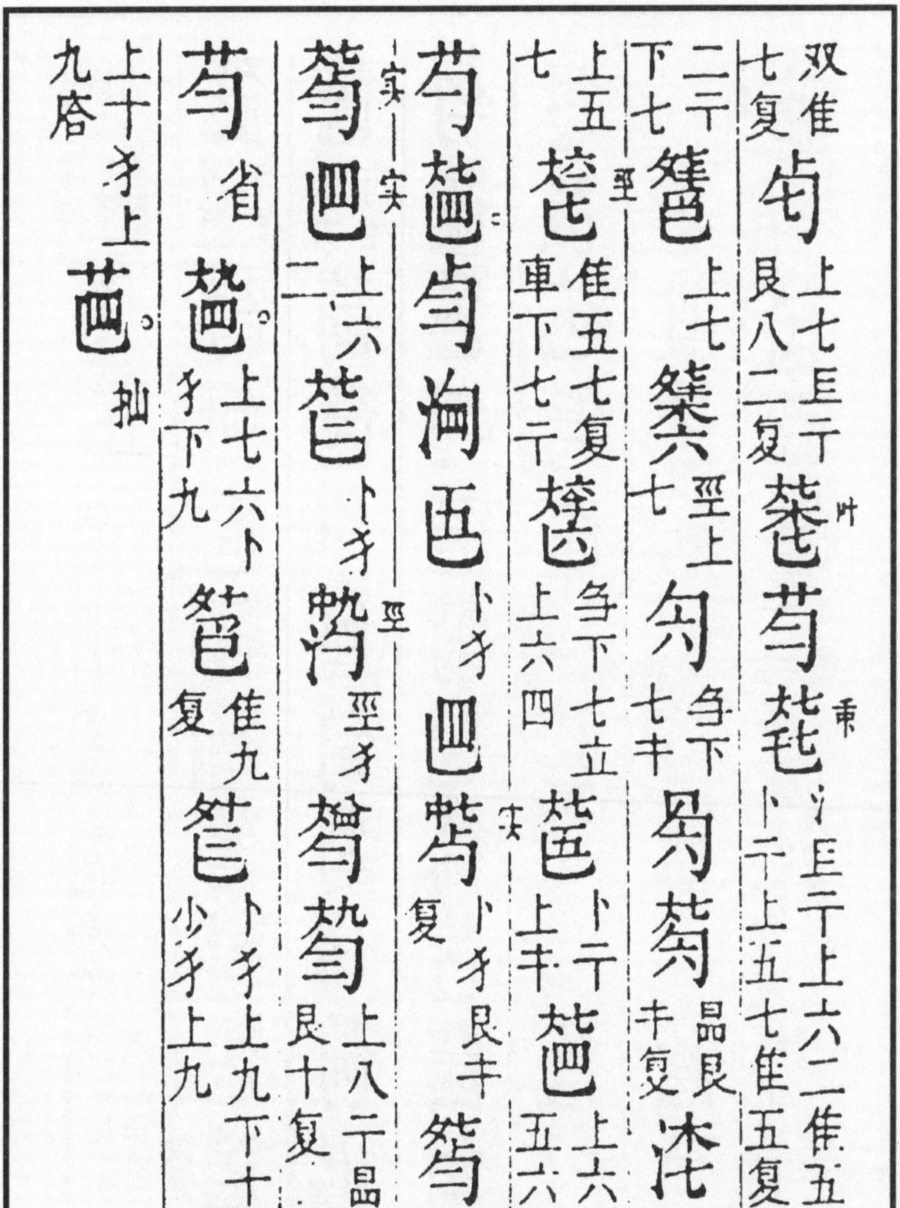

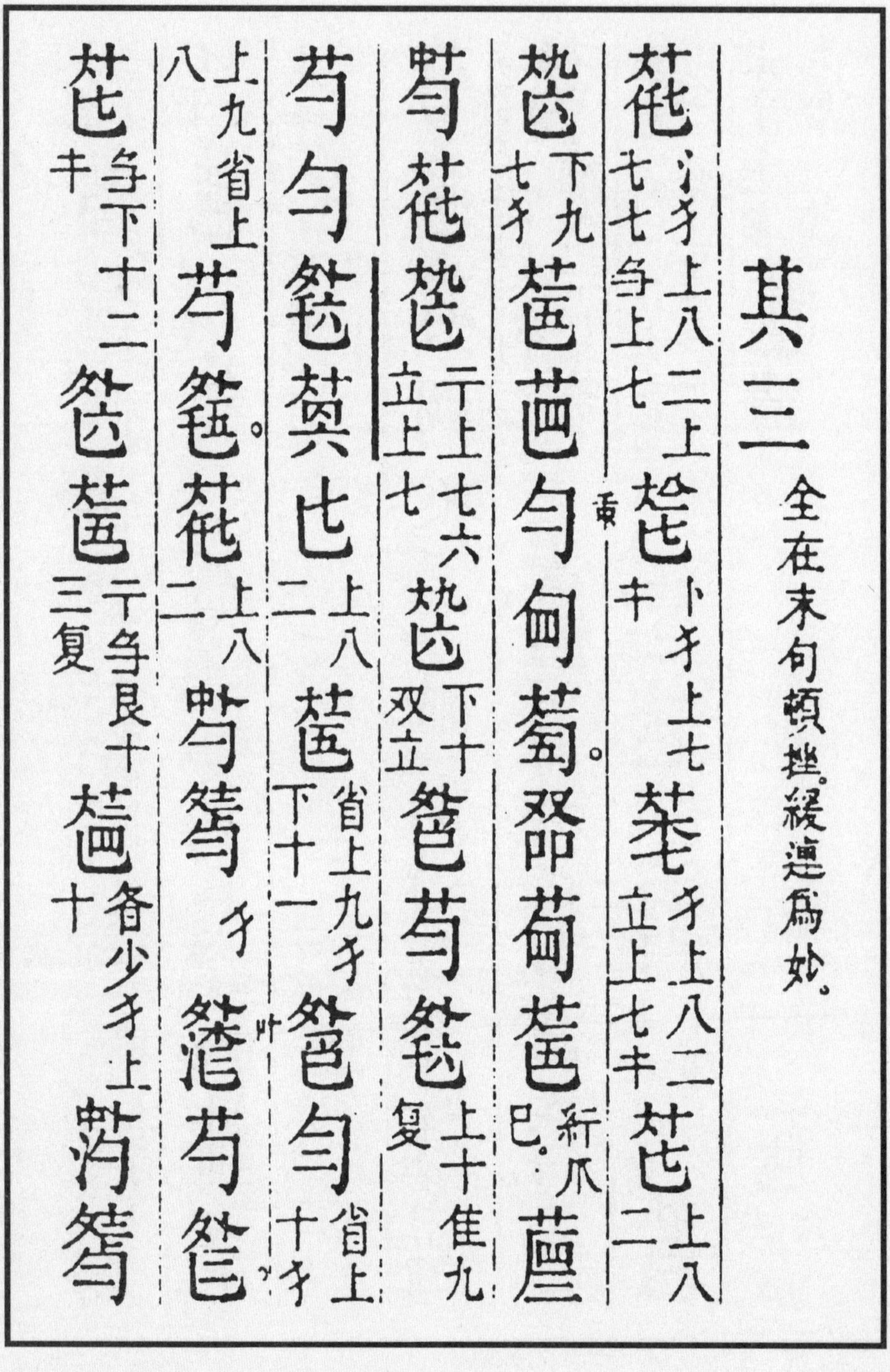

其三

全在末句頓挫。緩運爲妙。

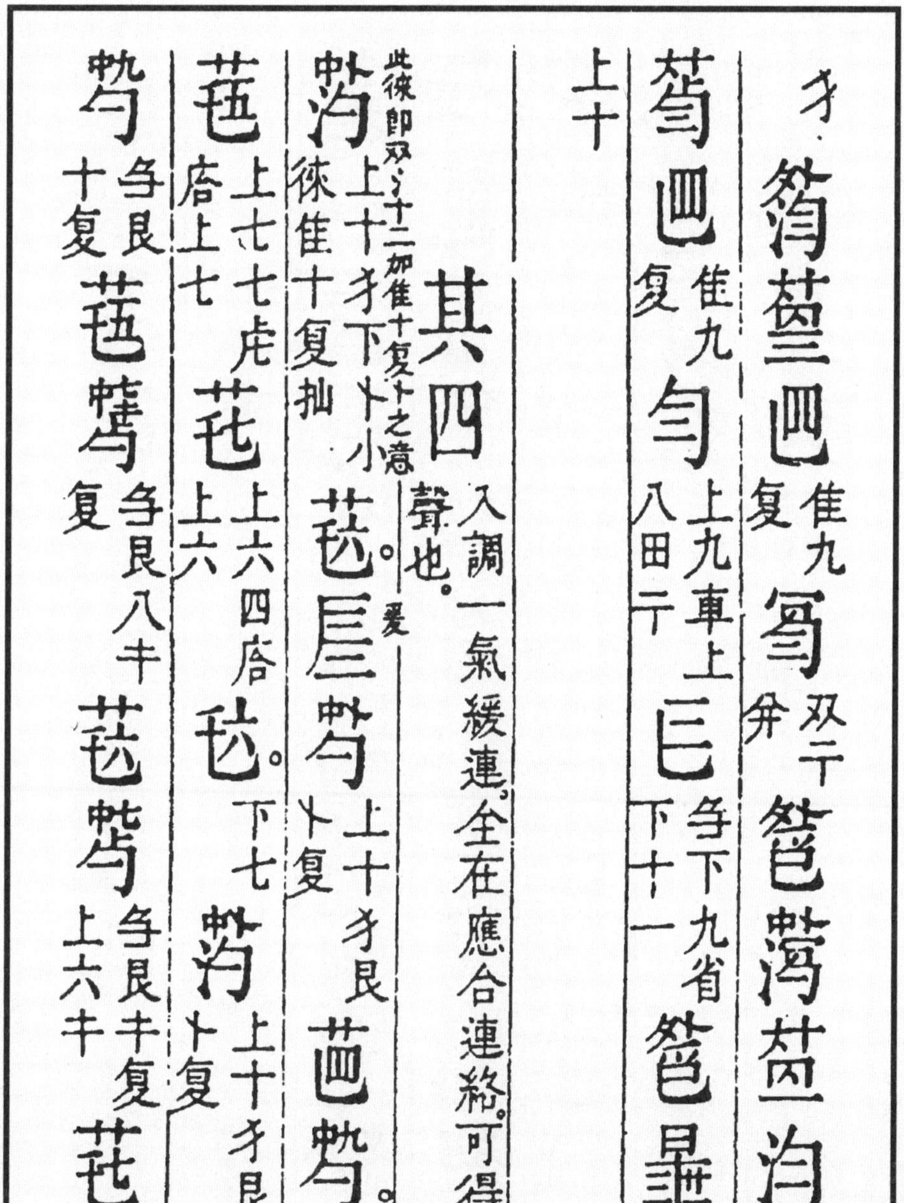
其四
入調一氣緩連。全在應合連絡。可得水雲聲也。
此徐即双、之十二加徃十复十之意

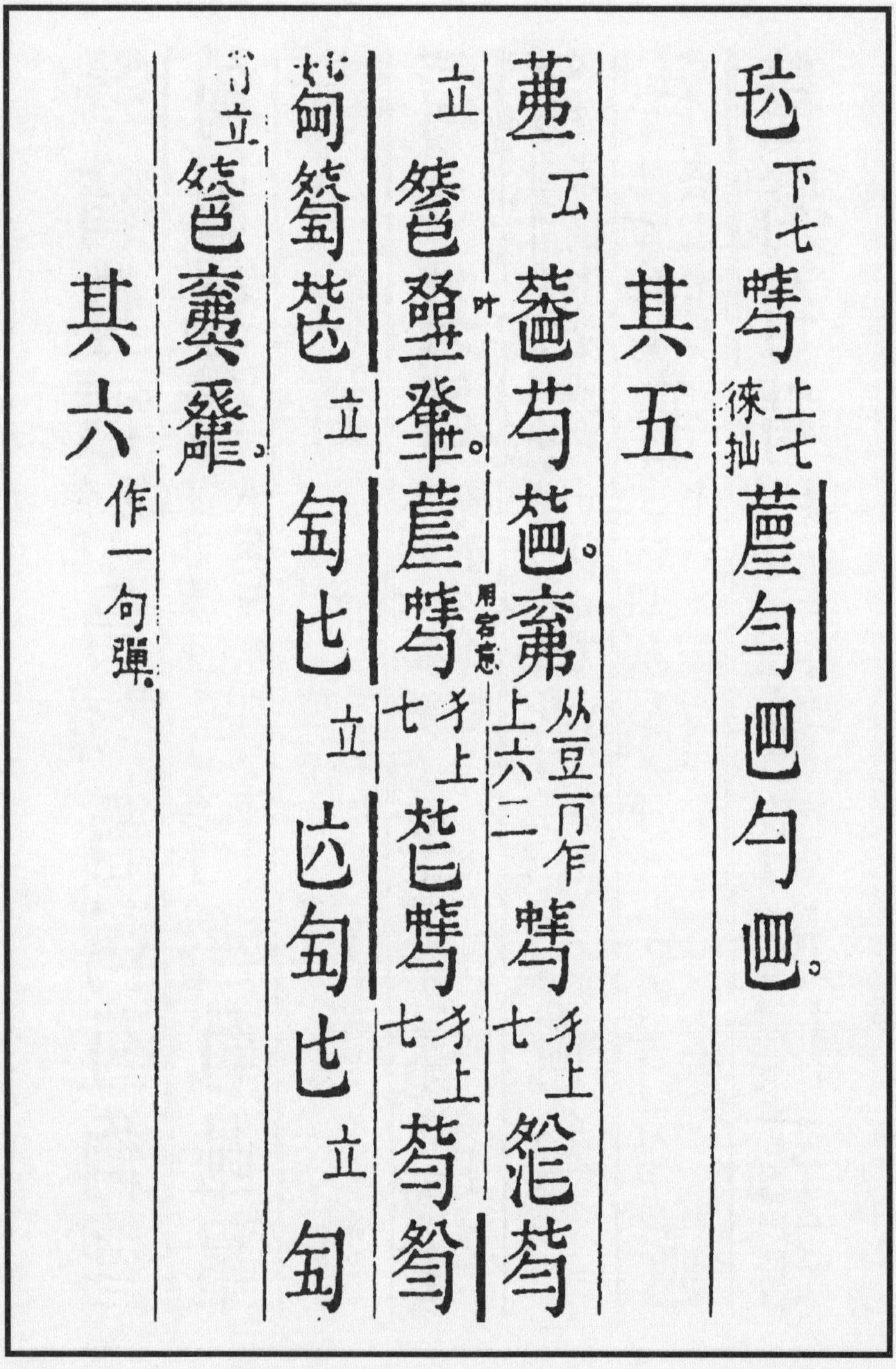

[illegible]下七[illegible]上七徐抽[illegible][illegible][illegible][illegible][illegible]。

其五

[illegible]工[illegible][illegible][illegible]。[illegible]从豆丁作上六二[illegible]手上七[illegible][illegible]

立[illegible]叶[illegible][illegible]。[illegible][illegible]用宮意手上七[illegible][illegible]手上七[illegible][illegible]

[illegible][illegible][illegible]立[illegible][illegible]立[illegible][illegible][illegible]立[illegible]

立[illegible][illegible][illegible]。

其六作一句彈。

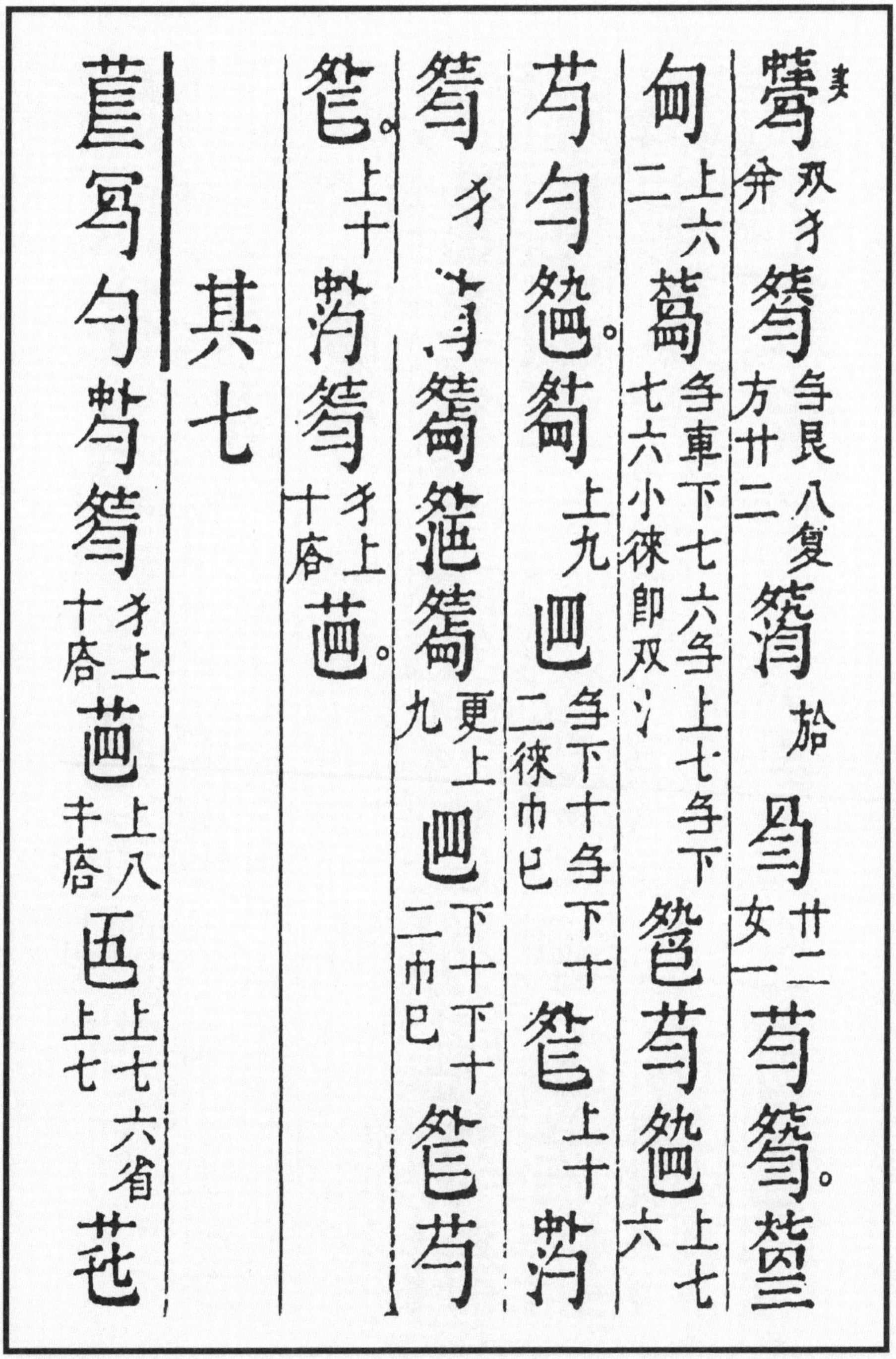

其七

其八

左中名二指妙用。一片水雲之聲。往來連而復合。起復恬逸。左右相應。則得其奥旨也。

其九

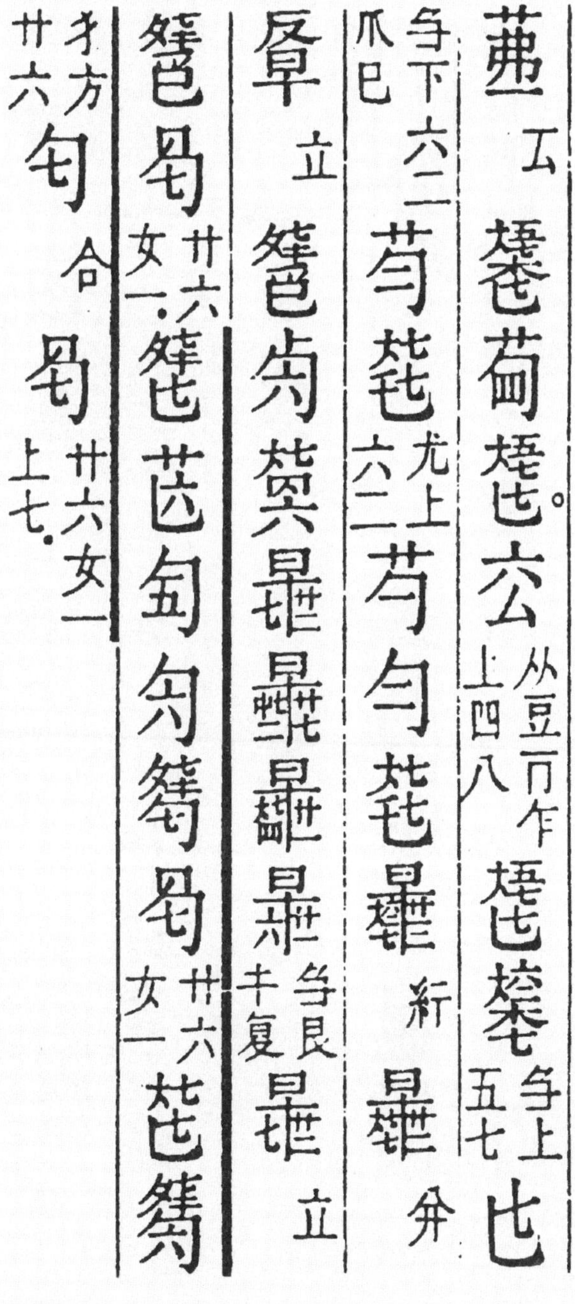

其十

其十一

此段作一句弹

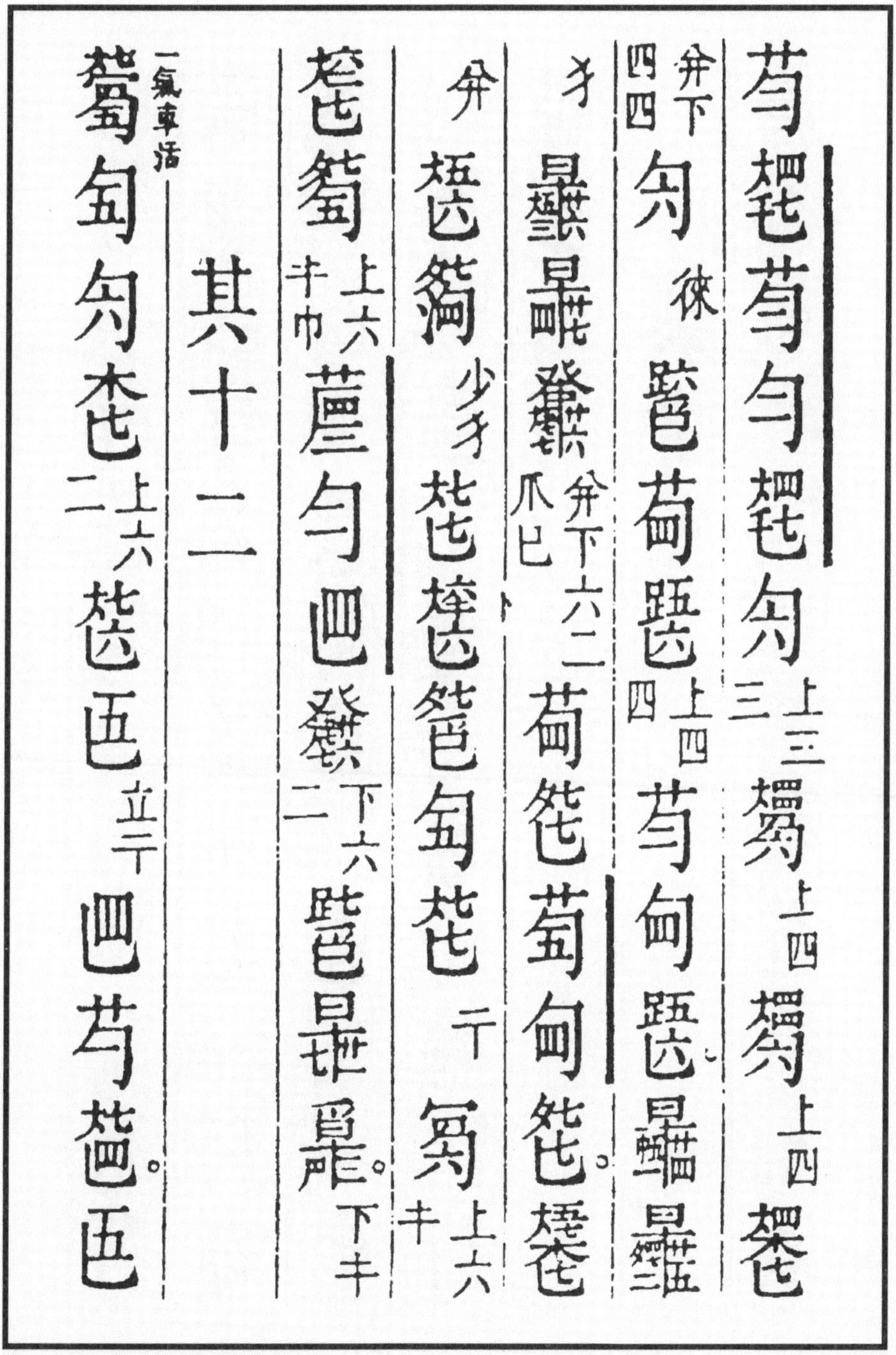

其十二

一氣車活

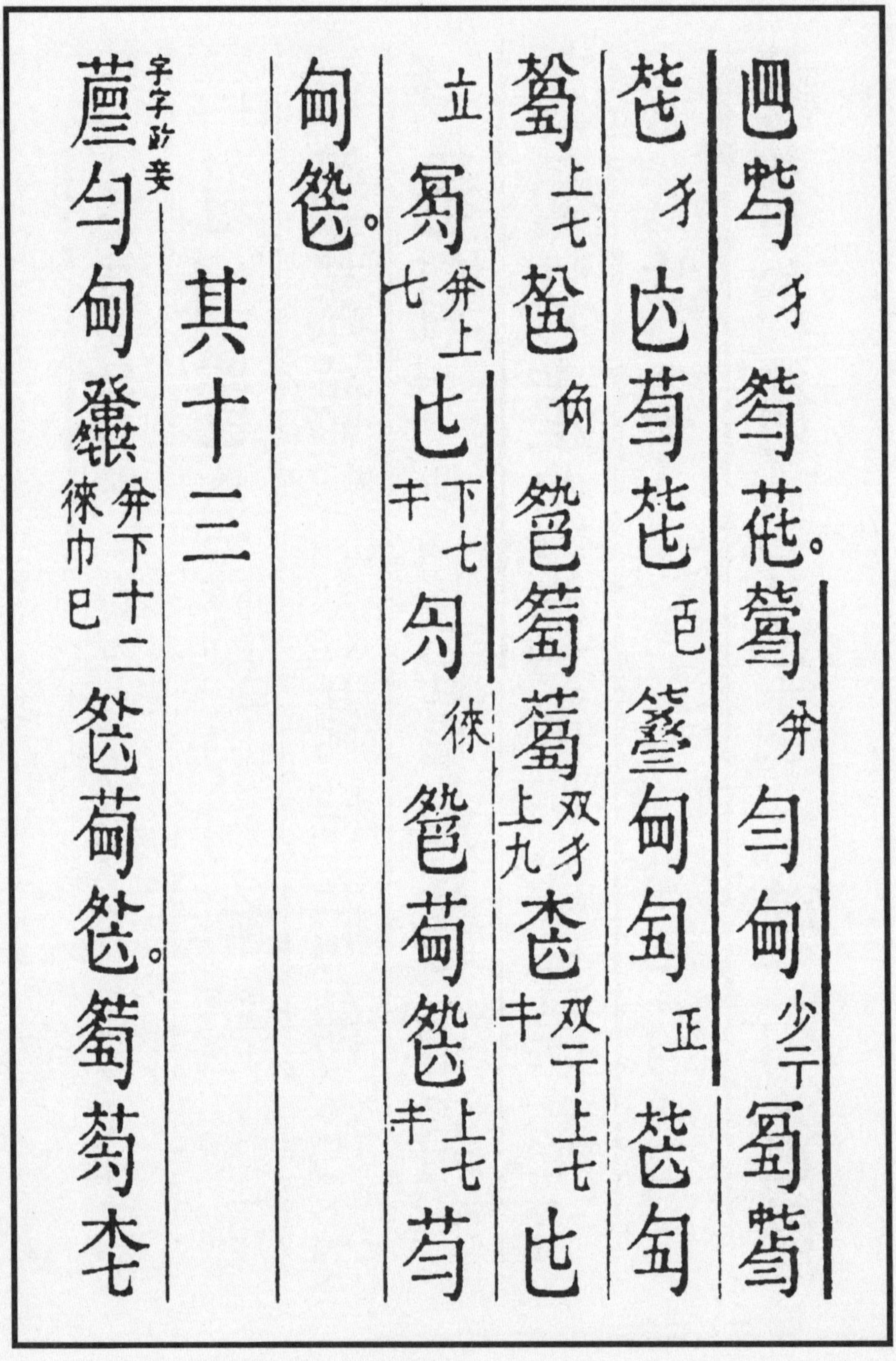

[illegible]才[illegible][illegible]。[illegible]弁勻甸少干[illegible][illegible]

[illegible]才[illegible][illegible][illegible]巳[illegible]甸[illegible]正[illegible][illegible]

[illegible]上七[illegible]角[illegible][illegible][illegible]双才上九[illegible]双干上七丰[illegible]

立[illegible]弁上七[illegible]下七丰[illegible]徕[illegible][illegible][illegible]上七丰[illegible]

甸[illegible]。

其十三

字字彷徨

[illegible]勻甸[illegible]弁下十二徕巾巳[illegible][illegible][illegible]。[illegible][illegible][illegible]

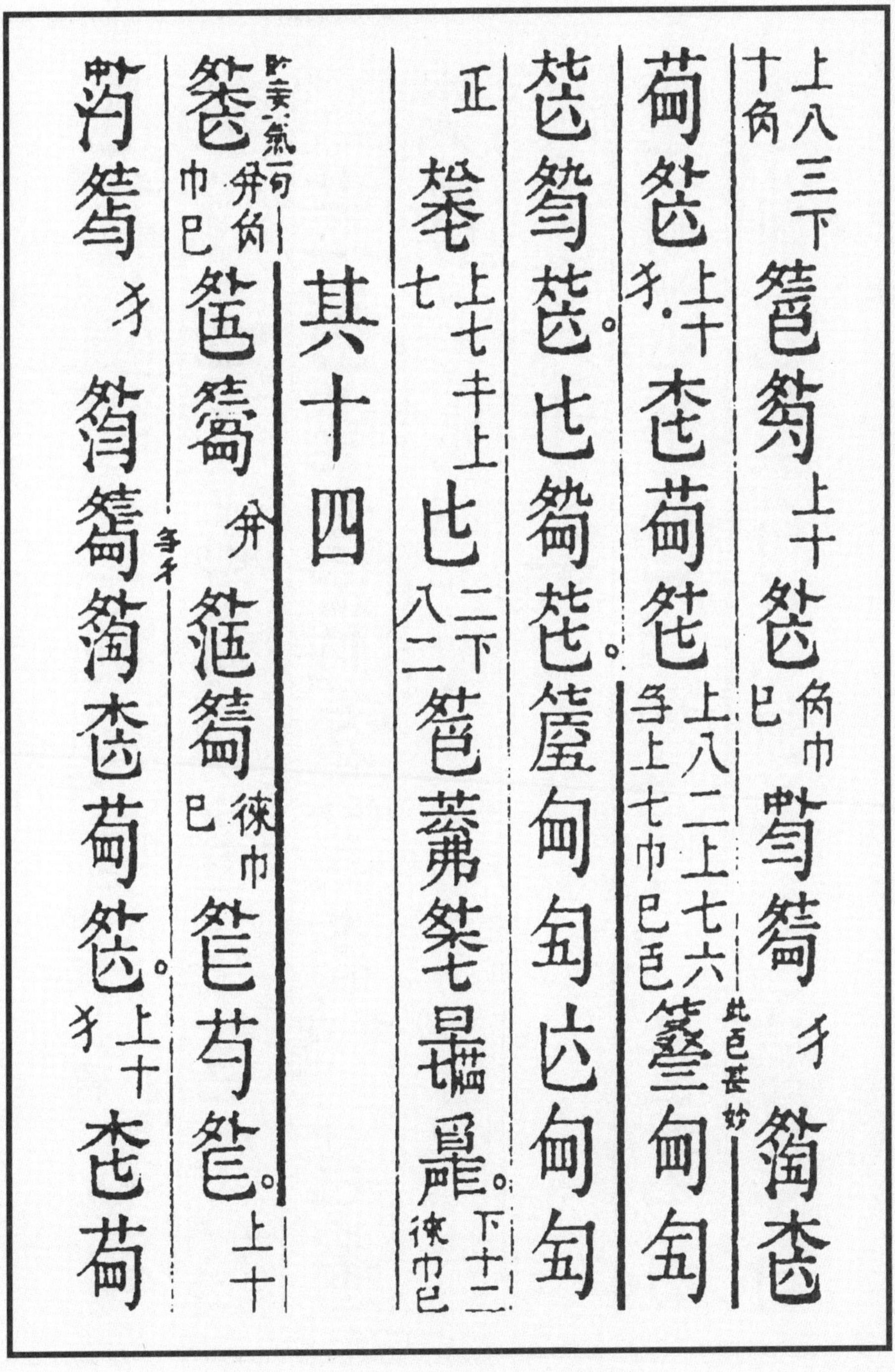

上八三下 十角 [illegible] 上十 [illegible] 角巾 已 [illegible] 此已甚妙 [illegible]

[illegible] 上十 [illegible] 上八二上七六 [illegible] 上七巾已 [illegible]

[illegible]

正 [illegible] 上七七上 [illegible] 二下 八二 [illegible] 下十二 徐巾已

其十四

[illegible] 巾已 [illegible] 徐巾 已 [illegible] 上十

[illegible] 上十 [illegible]

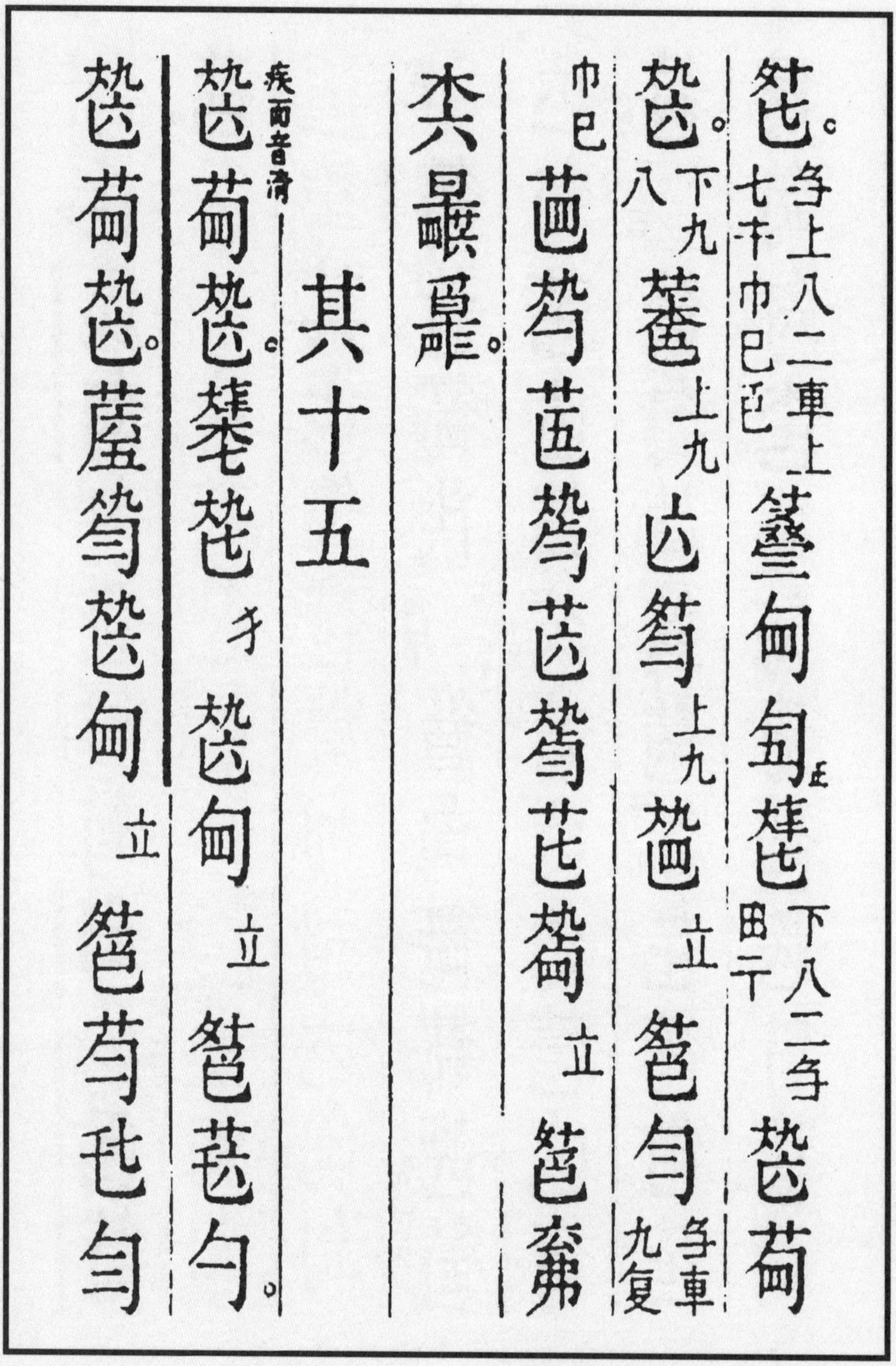

[illegible]。 夅上八二車上 [illegible] 匀 [illegible] 下八二夅 [illegible]

七木巾巳巳 田干

[illegible]。 下九 [illegible] 上九 [illegible] 上九 [illegible] 立 [illegible] 匀 夅車

八 九复

巾巳 [illegible] 立 [illegible]

[illegible]。

其十五

疾而音清 [illegible]。 [illegible] 立 [illegible] 勺。

[illegible]。 [illegible] 立 [illegible] 匀

其十六

收音

省

二作

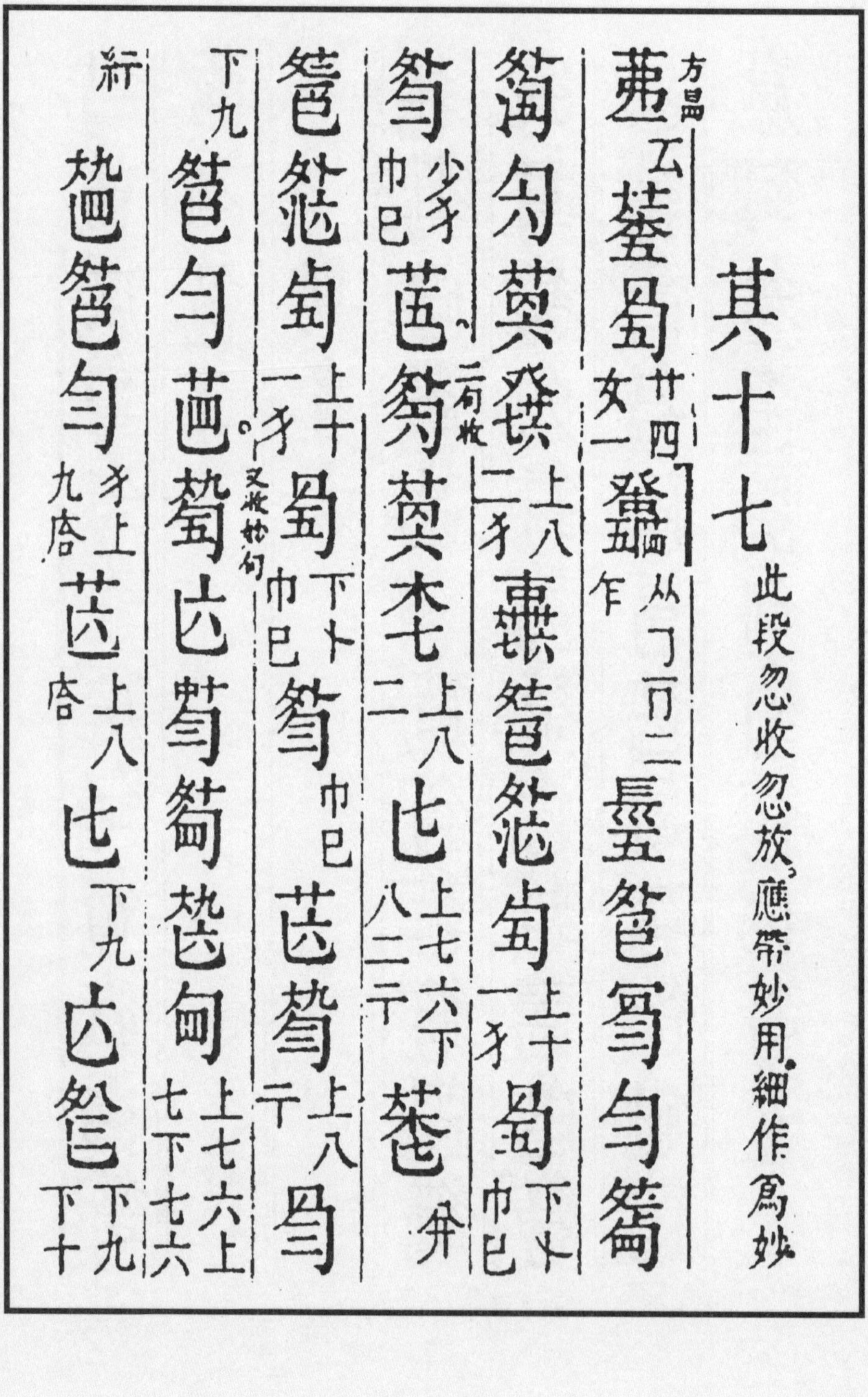

其十七 此段忽收忽放，應帶妙用細作爲妙

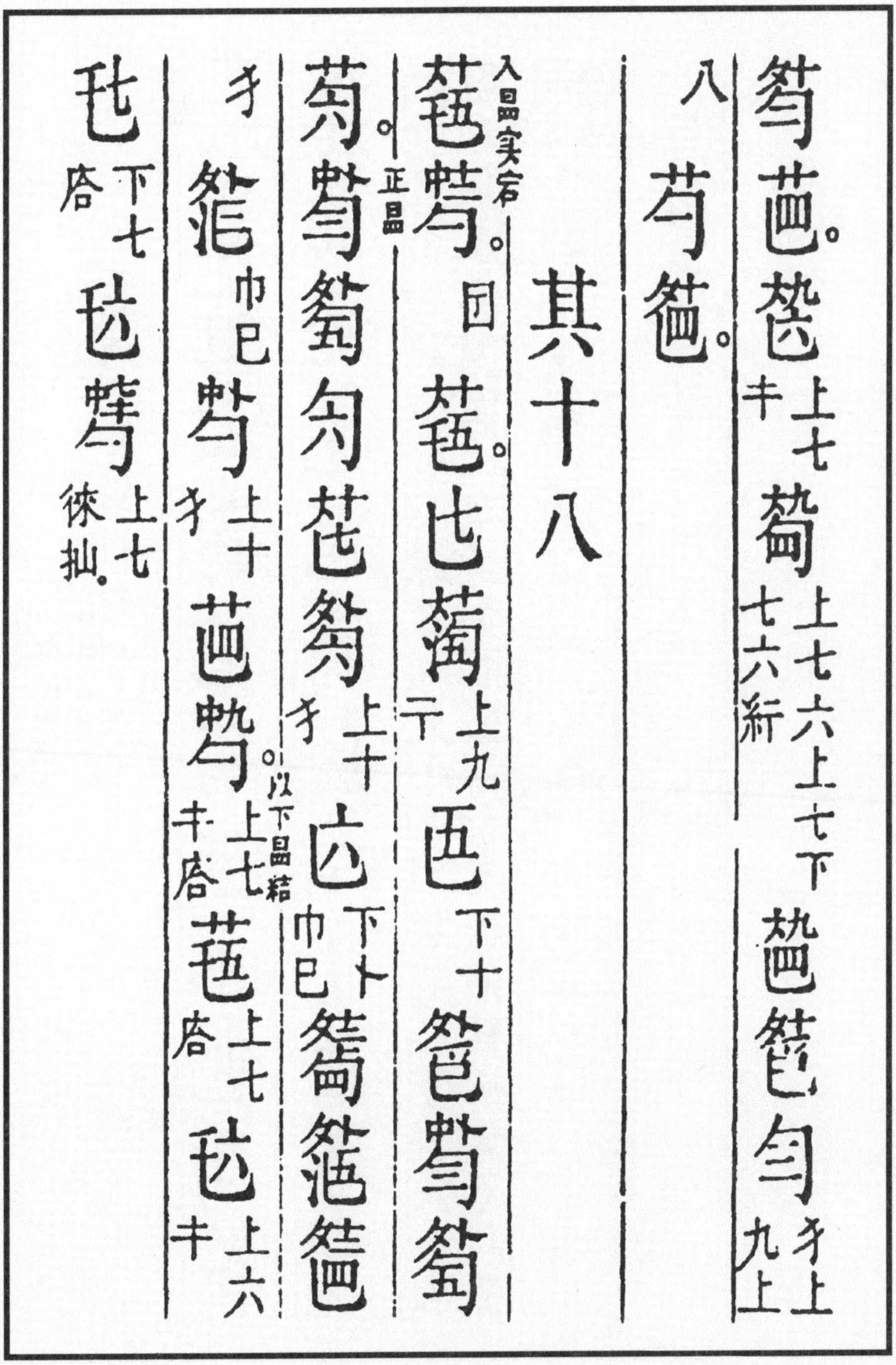

芶苊。𧄻 上七 卄 蓟 上七 七六 六 上七 下 䒬 笆 匀 上 九上

八 芍 䒴。

其十八

入品实宕 苞芍。团 苞七 蒟 上九 亍 五巴 下十 笆芍 蒟

蒟。正品 芶 蒟 匀 茳 芶 上十 犭 下卜 巾巳 蒟 䈀 笆

犭 笆 巾巳 芍 上十 犭 苊 芍。以下品结 上七 卄啓 苞 上七 啓 苞 上六 卄

乇 下七 啓 苞 芍 上七 徐抽。

尾

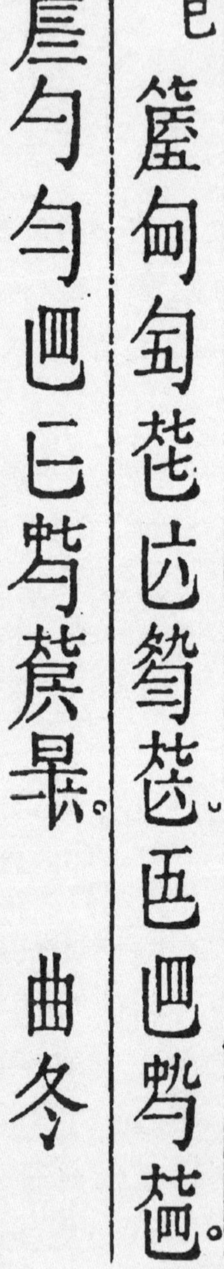

[jianzipu] [jianzipu] [jianzipu] [jianzipu] [jianzipu] [jianzipu] [jianzipu]。[jianzipu] [jianzipu] [jianzipu] [jianzipu]。

[jianzipu] [jianzipu] [jianzipu] [jianzipu] [jianzipu] [jianzipu] [jianzipu]。 曲冬

此曲雲山靉靆，香霧空朦，懷高嵐于胸臆，寄纏綿于溪雲，一派融和春水，濃艶溫柔。有情至而彌深者矣，低彈輕拂。眞落花流水溶溶也。

曲谱题解与后记

题解：宋郭楚望所作也。因泛沧浪，远望九疑[1]，云水淹映，感慨系之。时值天中，阳气渐衰，蕤[2]萎少和，故宾位于五月也，音清和畅。自三段至尾，皆本曲趣味，抑扬恬逸[3]。自四至八段，全在两手灵活，如云水之奔腾，连而圆洁，方得曲之旨也。

后记：此曲云山叆叇[4]，香雾空朦[5]，怀高岚[6]于胸臆，寄缠绵于溪云，一派融和春水，浓艳温柔，有情至而弥深者矣。低弹轻拂，真落花流水溶溶[7]也。

注释

[1] 九疑：亦作“九嶷”。山名。在湖南宁远县南。

[2] 蕤（ruí）：花或花蕊。《说文》：“蕤，草木华垂貌。”

[3] 恬逸：指清静安逸。出自《国语·吴语》：“而又不自安恬逸。”

[4] 叆叇（ài dài）：形容云彩厚而密的样子。

[5] 空朦：细雨迷茫的样子，亦作“空蒙”。

[6] 高岚：山里的雾气。

[7] 溶溶：指宽广的样子或河水流动的样子。

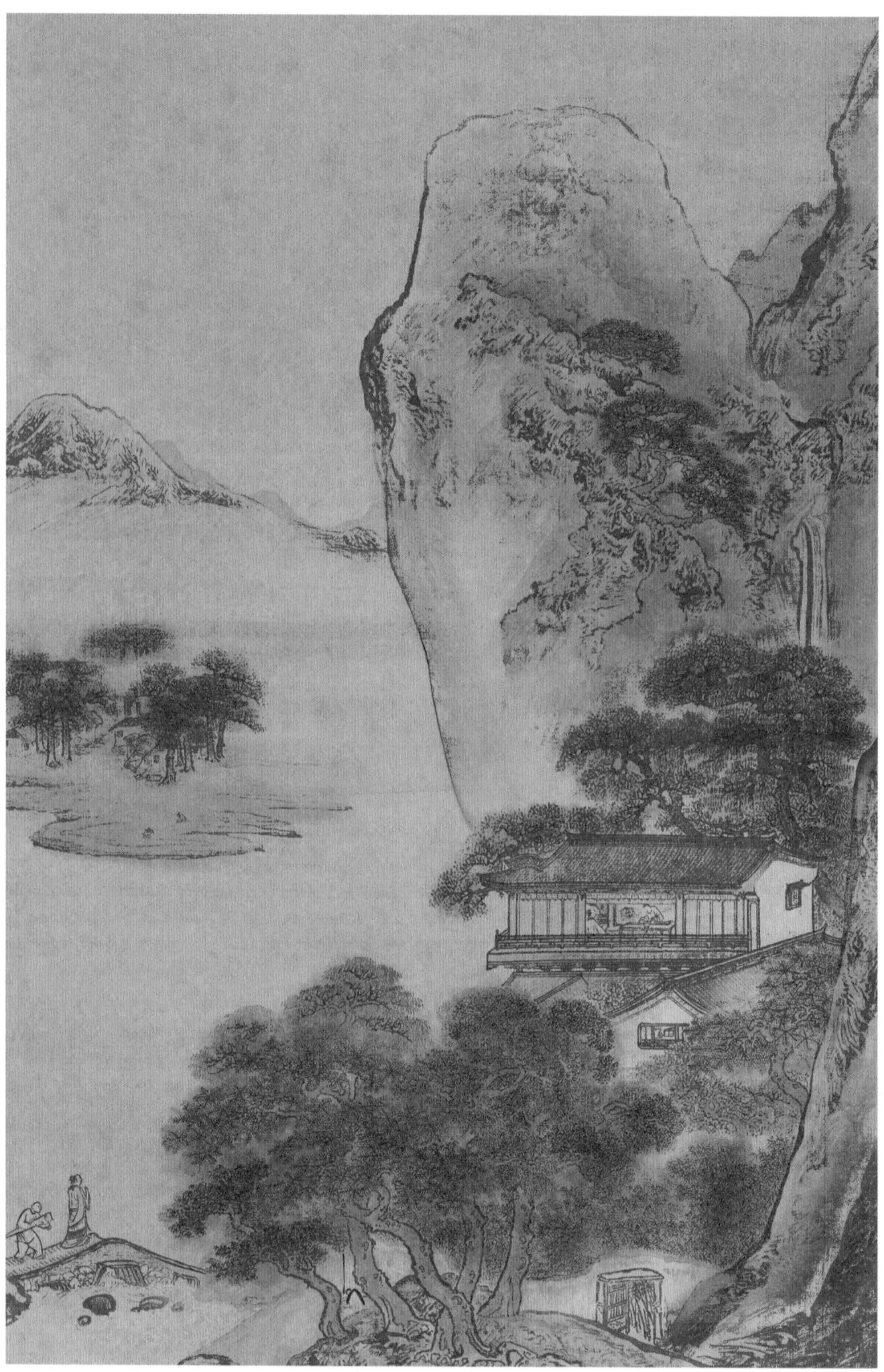

携琴访友图（临摹）
袁江（清代）

译文

题解：这首曲子是宋代郭楚望创作的。因为泛舟湖面远眺九嶷山，见山被云水遮映衬托，由此心生感慨。当时正值一天的中间时段，阳气渐弱，草木由盛渐衰，所以五月来到九嶷山，连声音都变得清雅和畅。从第三段到这段结尾，都是本首曲子的旨趣，高低有致、清静安逸。从第四段到第八段，全靠双手的灵活演奏，指法要像云水奔腾那样，连贯且圆润干净，才是领会了这首曲子的要领。

后记：这首曲子展现了九嶷山云雾缭绕、烟雾缥缈之景，心存山间氤氲的雾气，沉浸在溪水罩云之中，一湾温暖的春日湖水艳丽温柔，让怀着情意而来的人愈发深情。低声弹奏、轻抚琴弦，就像花落在水面上，随波浮动。

瀟湘水雲

蕭湘水雲

瀟湘水雲

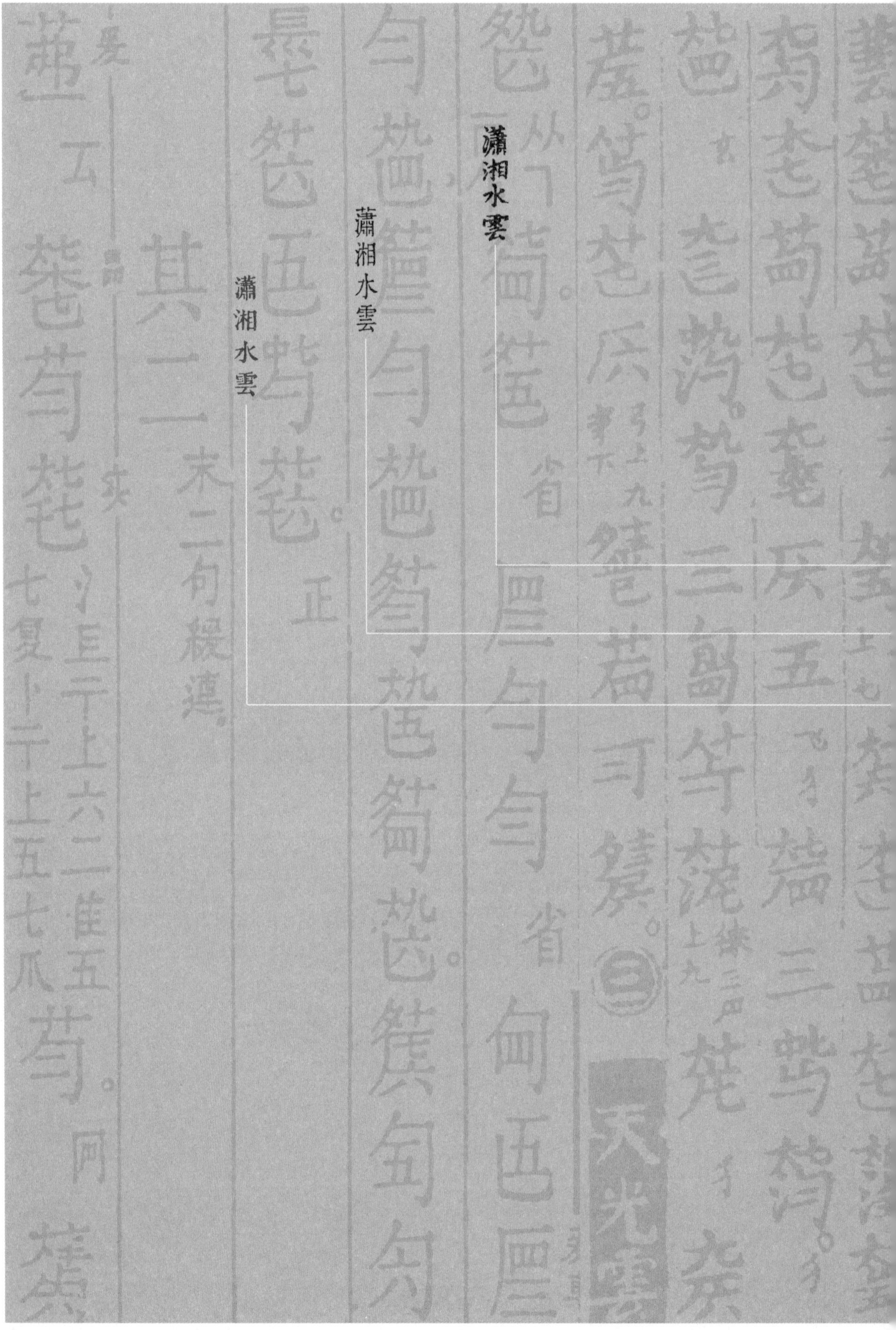

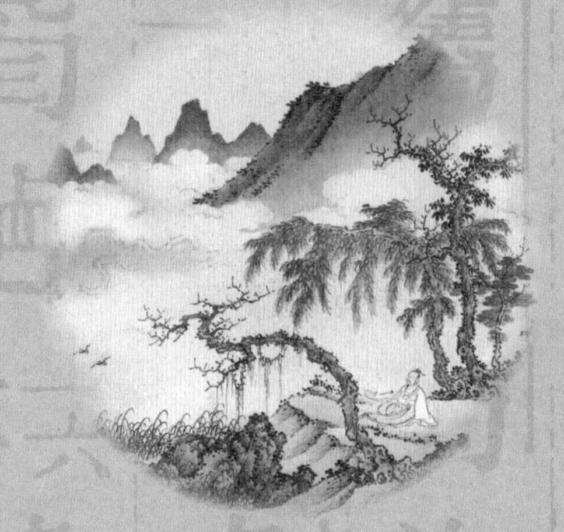

微信扫码听曲

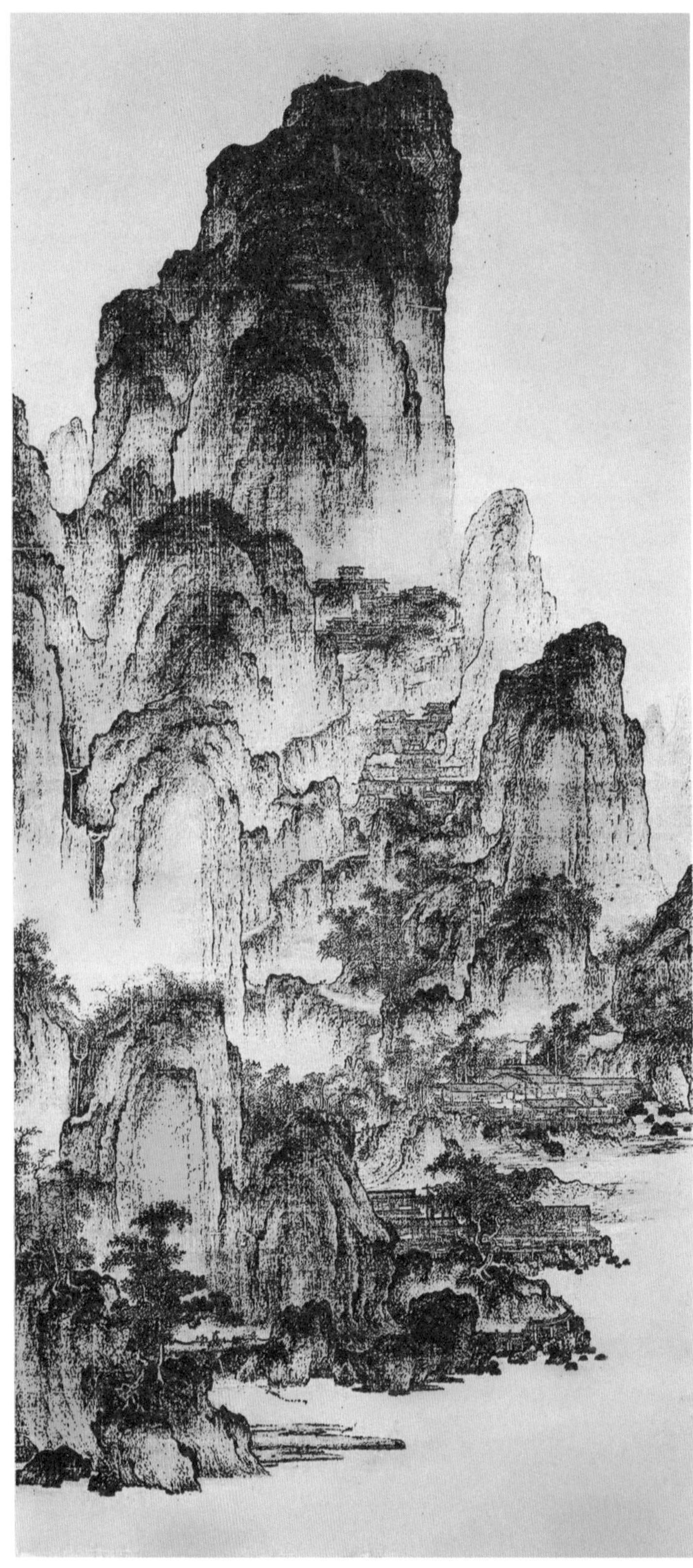

溪山楼观图（临摹）
燕文贵（宋代）

谱书概述

《自远堂琴谱》，清自远堂刊本，十二卷，广陵吴灴参订。嘉庆七年（1802）乔钟吴跋曰：“吴先生仕柏，少受指法于周臣之侄锦堂，因与越千辈同游旧矣。维时工斯艺者，若金陵吴官心、蠙山吴重光、曲江沈江门、新安江丽田等，汇集维扬，仕柏日与之讲求研习……我观察宁圃先生延致幕下盖已三载，偕审音调，参究精微，共谱八十余曲。又得剌郡古愚先生相与考律数渊源，谨遵《钦定律吕正义》，旁采王氏《琴旨》，详及五音、二变、生声、转调之法，先生复为鉴定焉。附以指法，荟萃成编，付之梓以永其传。”

卷一为凡例、皇极定声。卷二为琴旨录要。卷三为琴学指法。卷四至卷十二为琴谱，共收九十曲，其中卷十二所收三十曲均附歌词。

该谱搜集大型琴曲较多，且传统指法较为完备，谱式也十分完整，故而成继《五知斋琴谱》之后又一部翻刻较多，影响较大的琴谱，也是研究广陵派琴曲发展必不可少的参考材料之一。

本编所录《潇湘水云》一曲位于琴谱卷十一第三曲，徵调商音，紧五一徽，凡十三段。

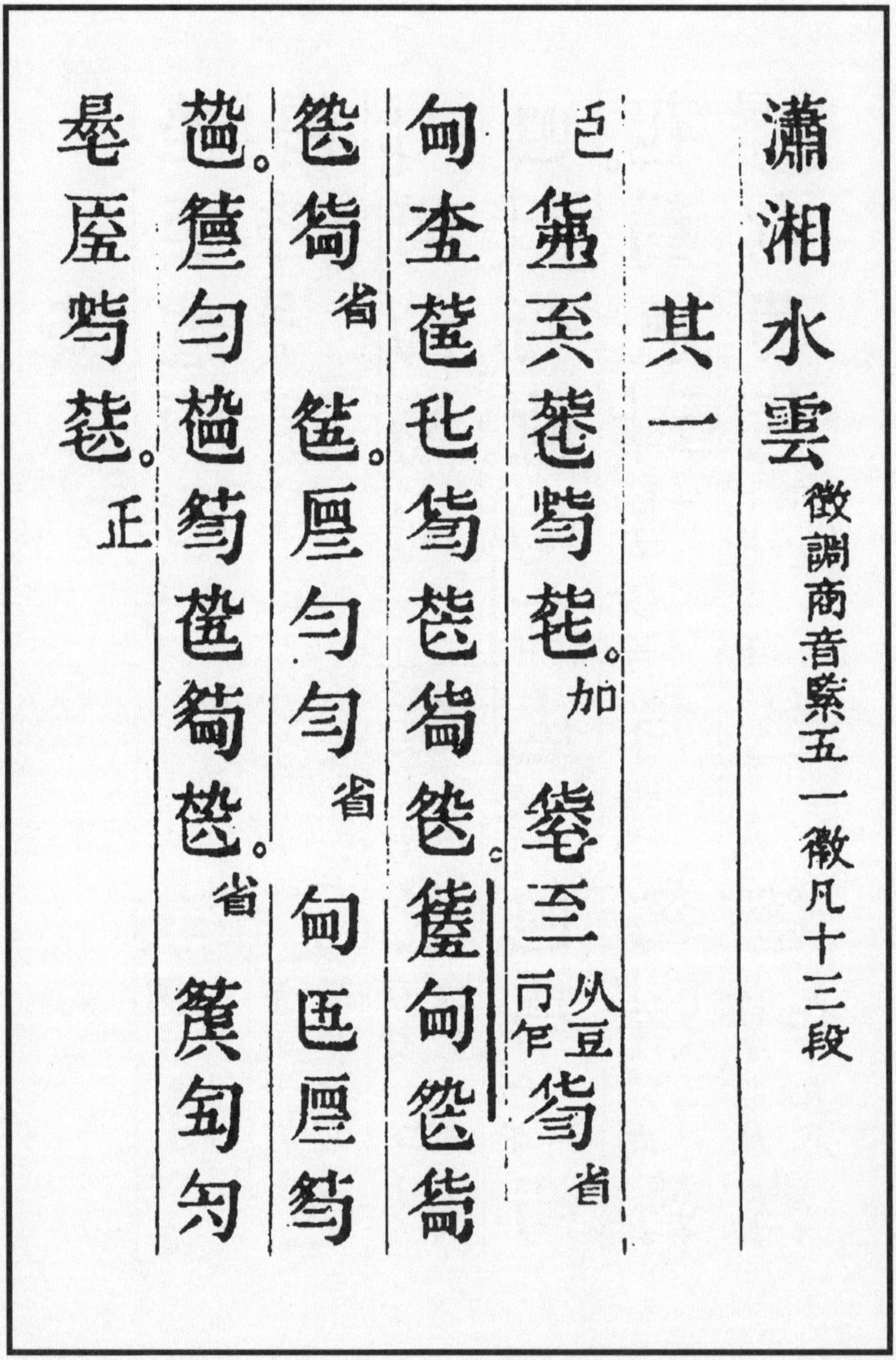

瀟湘水雲 徵調商音緊五一徵凡十三段

其一

其二

[illegible] [illegible] [illegible] [illegible] [illegible] 爰习上六二习 又上五六爪巳 [illegible]。同 [illegible] 双立

[illegible] 爰亍艮八 三复 [illegible] [illegible] [illegible] 爰习彳上六二习又上五 六立下六二亍又下七 [illegible]

上七 [illegible] [illegible] [illegible] [illegible]。亍上 六二 [illegible] 豆至 亍 [illegible] 豆爰 双立 [illegible] 习

[illegible] 上六 二立 [illegible] [illegible] [illegible] [illegible] [illegible] 爰习 [illegible] [illegible] 多习 [illegible]

[illegible]。[illegible] [illegible] 上六 二亍 [illegible] 少亍 [illegible] 爰习 [illegible] 上七六尤 下八三 [illegible]

艮少 亍复 [illegible] [illegible] [illegible] 上七六习 下九 [illegible] 上九 [illegible] 各习上九 尤下九八 [illegible]

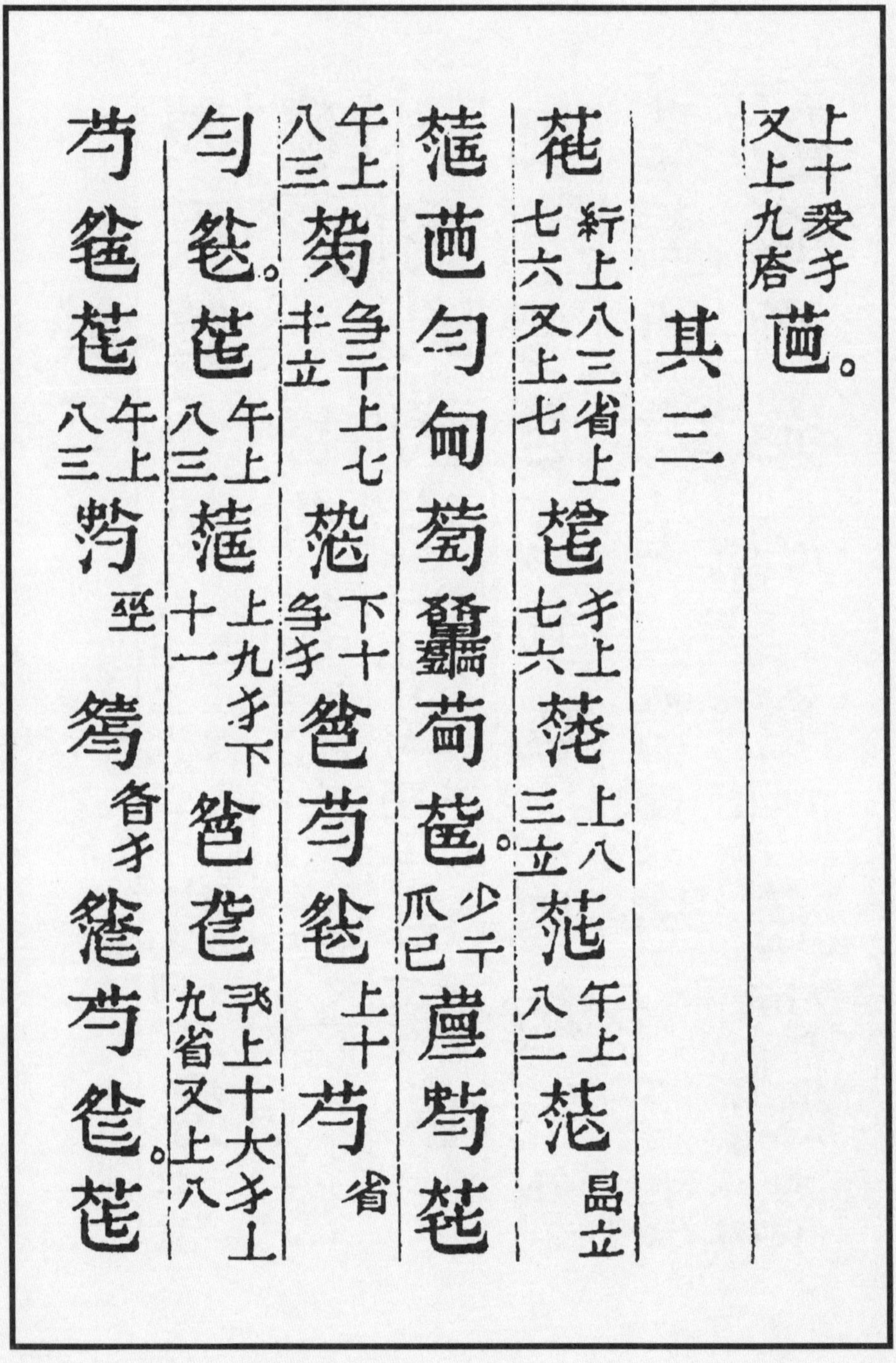

上十爰才 又上九咅 [illegible]。

其三

[illegible] 釿上八三省上七六又上七 [illegible] 才上七六 [illegible] 上八三立 [illegible] 午上八二 [illegible] 畾立

[illegible] [illegible] [illegible] [illegible] [illegible] [illegible] [illegible] [illegible]。少二爪巳 [illegible] [illegible] [illegible]

午上八三 [illegible] 夅二上七卄立 [illegible] 下十夅才 [illegible] [illegible] [illegible] 上十 [illegible] 省

[illegible] [illegible]。[illegible] 午上八三 [illegible] 上十一 九才下 [illegible] [illegible] 上十大才上九省又上八

[illegible] [illegible] [illegible] 午上八三 [illegible] 巠 [illegible] 夅才 [illegible] [illegible] [illegible]。[illegible]

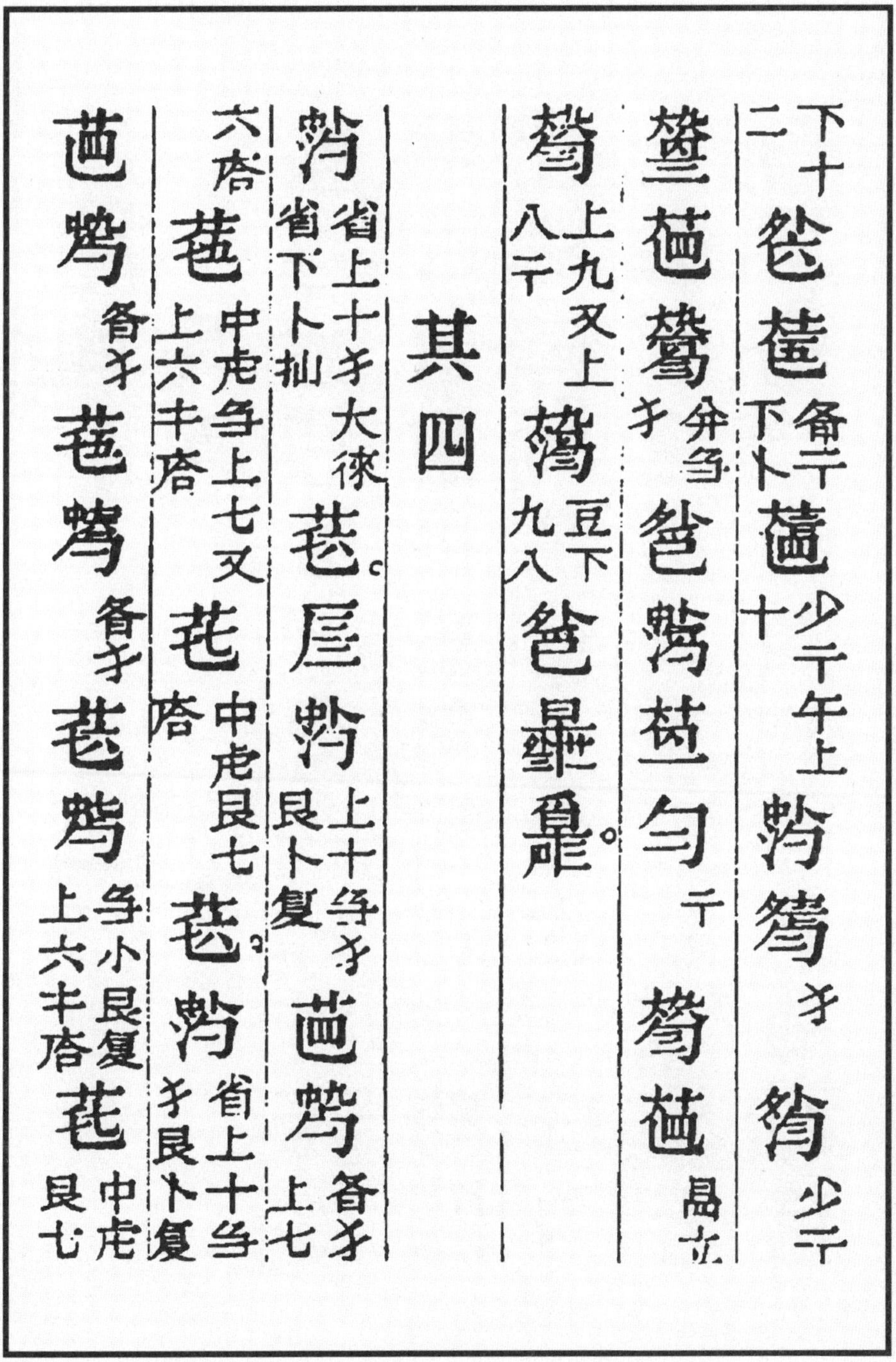

下十二 笆 蓎 备亍下卜 蘦 少亍十 午上 㪍 篙 犭 䒾 少亍

𧄻 莤 鹭 弁乌犭 笆 鹗 苬 匀 亍 蓊 莣 昌立

鸶 上九又上八亍 䳺 豆下九八 笆 𥃇 𪓰。

其四

㪍 省上十犭大徐省下卜㧑 苣。 𡰪 㪍 上十乌犭艮卜复 莤 䓀 备犭上七

六㕑 苞 中庀乌上七又上六丰㕑 苞 中庀艮七㕑 苞。 㪍 省上十乌犭艮卜复

莤 䓀 备犭 苞 䓀 备犭 苞 㪍 乌小艮复上六丰㕑 苞 中庀艮七

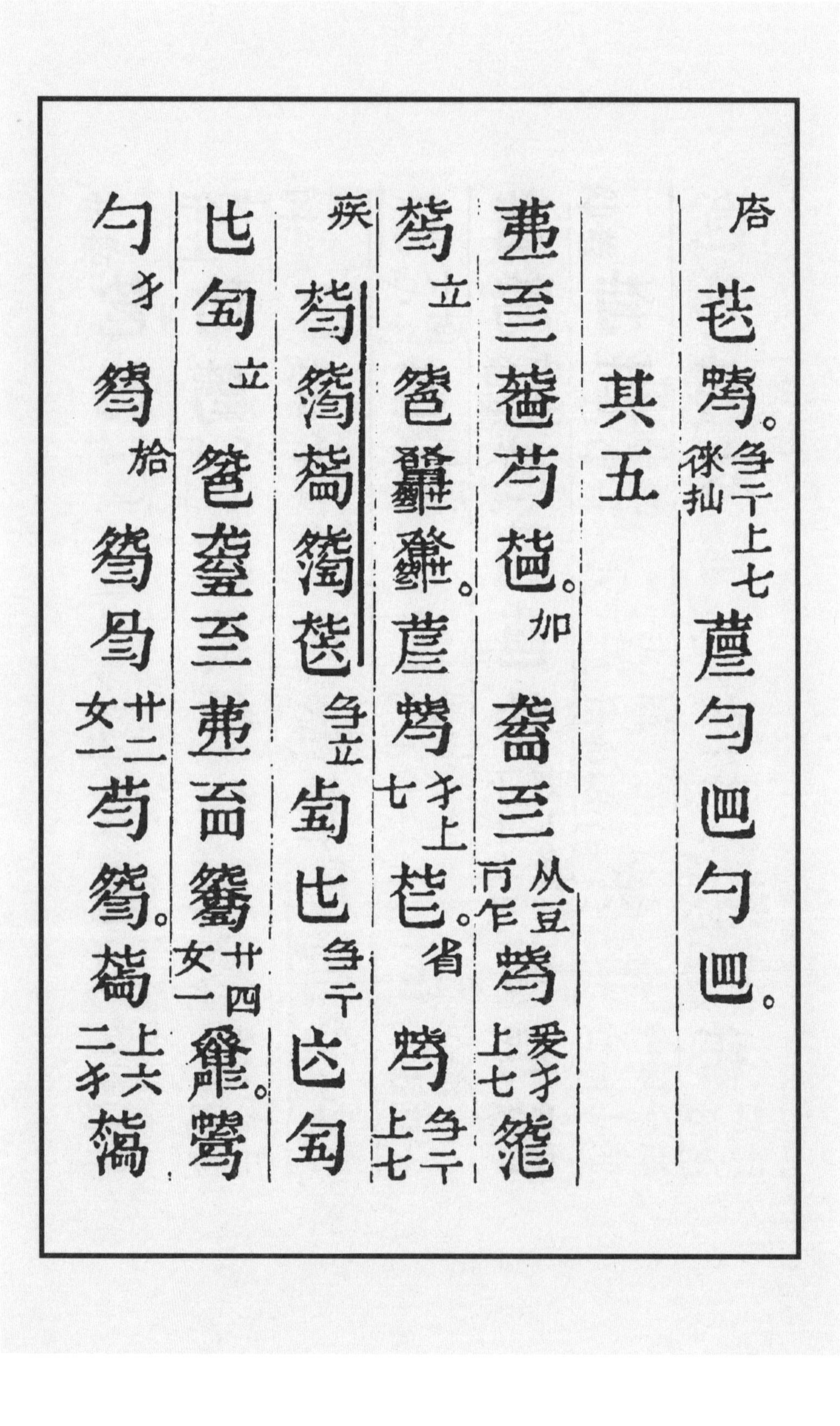

其五

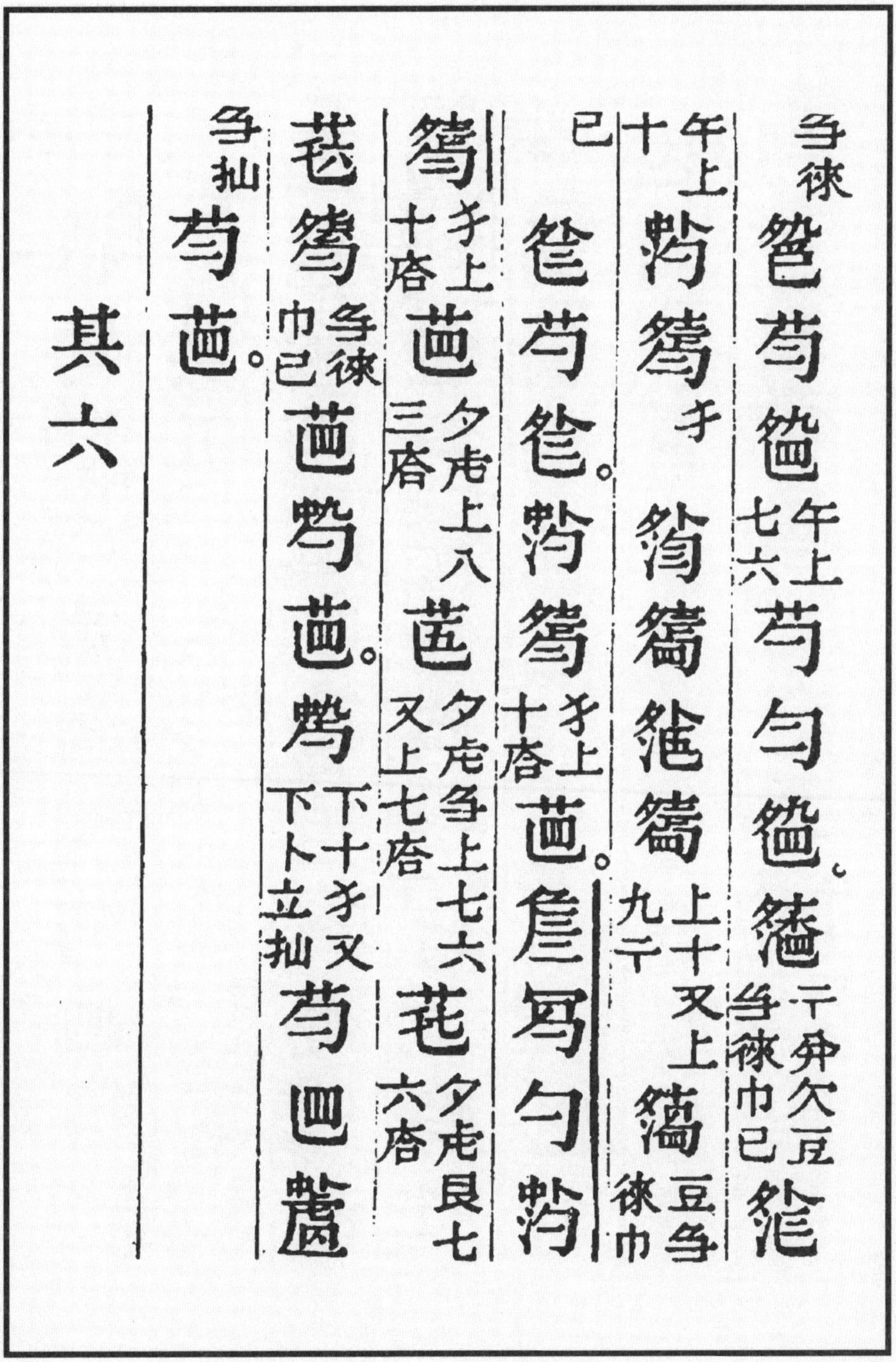

彡徠 箟 芍 箟 午上七六 芍 勻 箟。 䉒 亍弁欠豆 彡徠巾已 笵

午上十 𦬁 鵉 才 𥳑 䉂 笵 䉂 上十又上 䉂 豆彡

已 箟 芍 箟。 𦬁 鵉 才上十夻 箟。 㡒 寫 勻 𦬁 九亍 徠巾

鵉 才上十夻 箟 夕厇三夻 上八 𦵏 夕厇又上七夻 彡上七六 𦱁 夕厇六夻 艮七

𦱀 鵉 彡徠巾已 箟 𦬁 箟。 𦬁 下十才又下卜立扯 芍 㘝 䉞

彡扯 芍 箟。

其六

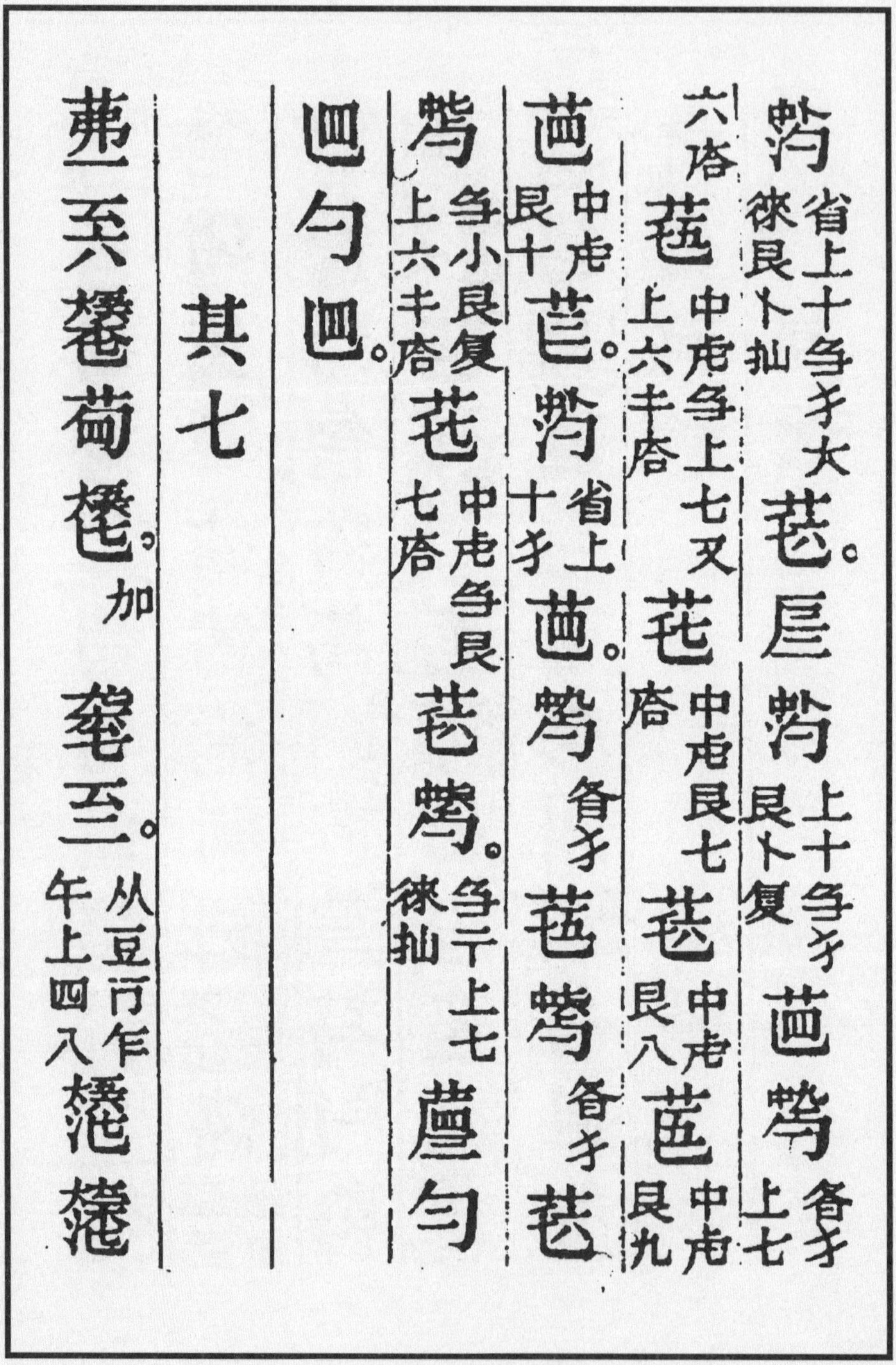

芍省上十多夬大徐艮卜㧊芭。㕓芍上十多夬艮卜复莤芍昚夬上七

六昚莶中⺈多上七又上六丰昚芞昚中⺈艮七莶中⺈艮八茝中⺈艮九

莤中⺈艮十芑。芍省上十夬莤。芍昚夬莶芍昚夬莶

芍多小艮复上六丰昚芞中⺈多艮七昚莶芍。多亍上七徐㧊蘁匀

㕓匀㕓。

其七

𦰿至𦻝茍𦻝。加𦻝三。从豆亍乍午上四入𦻝𦻝

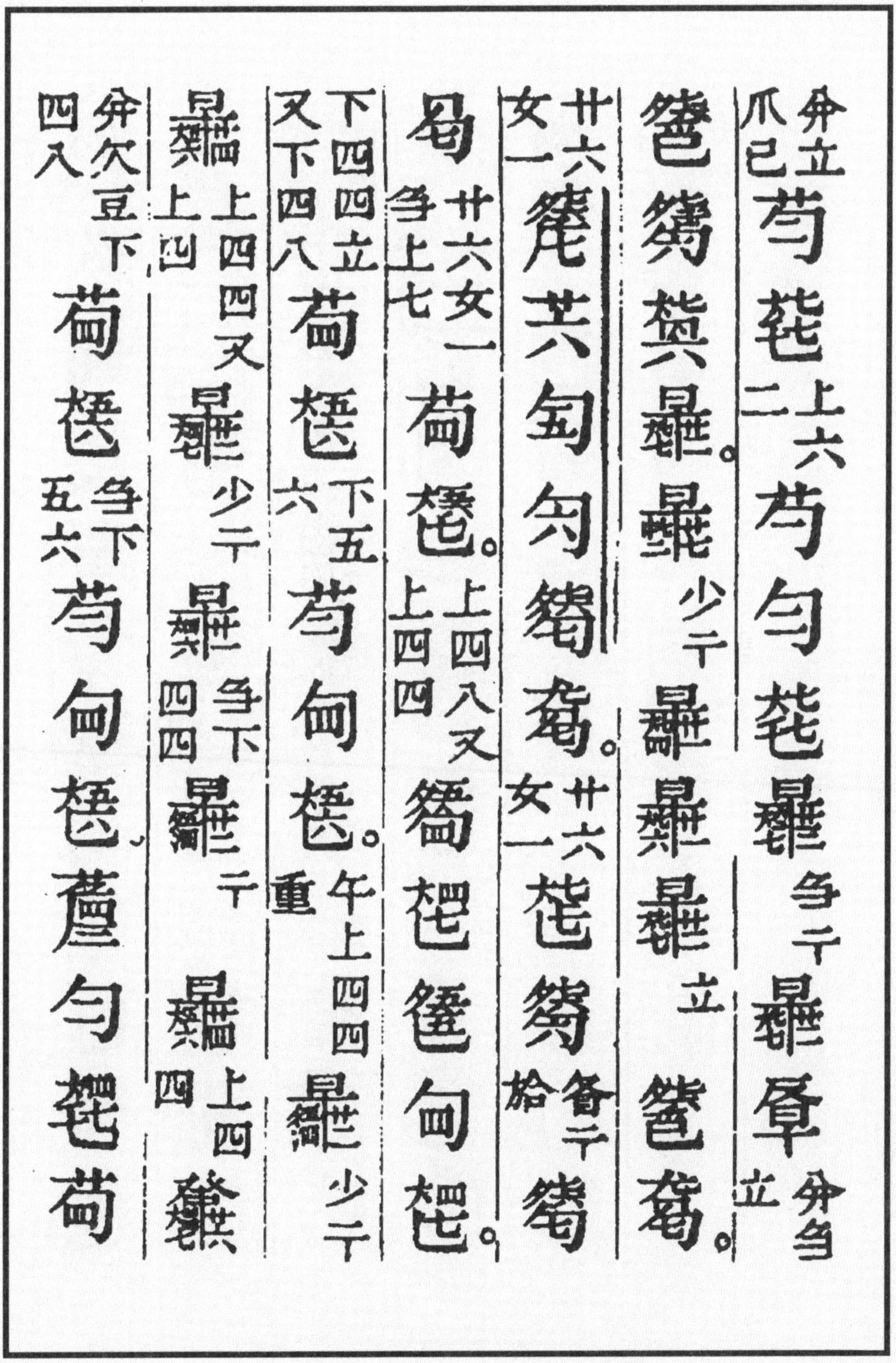

弁立 爪巳 芍 [illegible] 上六二 芍 匀 [illegible] [illegible] 𠂉亍 [illegible] [illegible] 弁当 立

[illegible] [illegible] [illegible] [illegible]。 [illegible] 少亍 [illegible] [illegible] [illegible] 立 [illegible] [illegible]。

廿六 女一 [illegible] 芸 [illegible] 匀 [illegible] [illegible]。 廿六 女一 [illegible] [illegible] 备亍 於 [illegible]

[illegible] 𠂉上七 廿六女一 荀 [illegible]。 上四八又 上四四 [illegible] [illegible] [illegible] 句 [illegible]。

下四四立 又下四八 荀 [illegible] 下五 六 芍 句 [illegible]。 重 午上四四 [illegible] 少亍

[illegible] 上四四又 [illegible] 少亍 [illegible] 𠂉下 四四 [illegible] 二亍 [illegible] 上四 四 [illegible]

弁欠豆下 四入 荀 [illegible] 𠂉下 五六 芍 句 [illegible] [illegible] 匀 [illegible] 荀

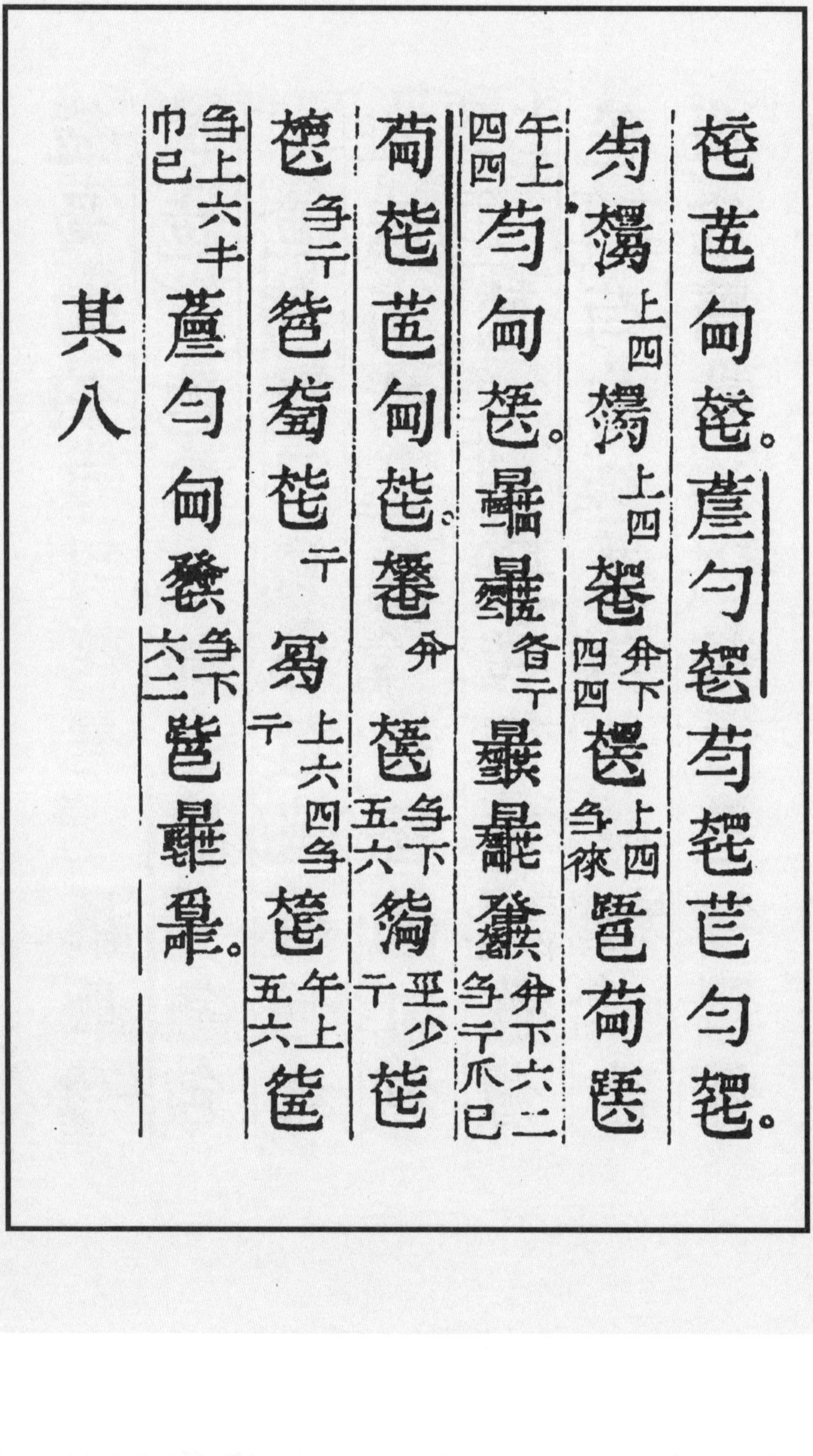

其八

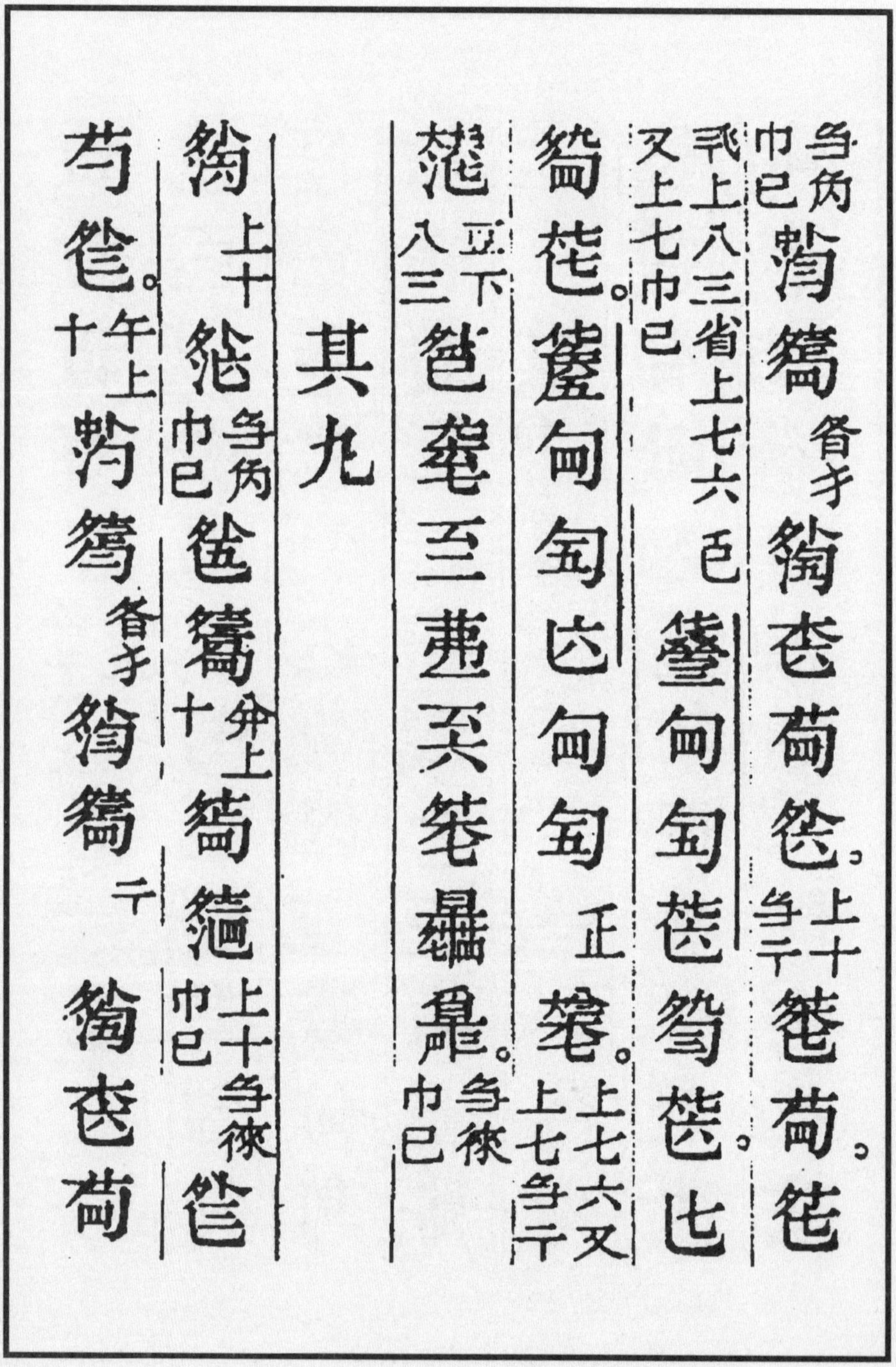

其九

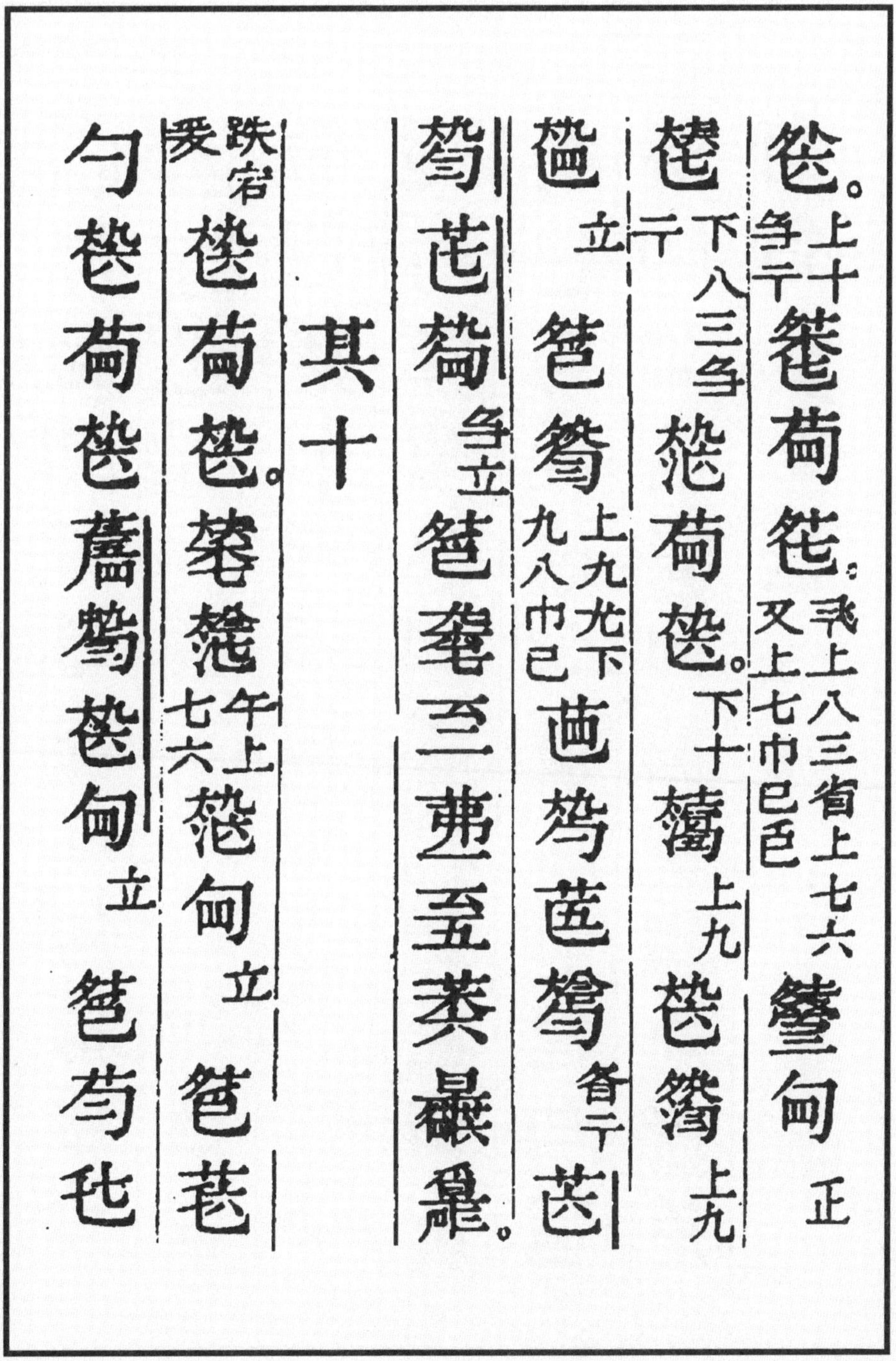

𥫗。上十夕亍篭芶笣。𢦏上八三省上七六又上七巾巳巳䦨句正

䇾下八三夕亍𢘿芶㘣。下十𦬸上九笆㵘上九

笹立笣𠣞上九尢下九八巾巳茴苟茝𢡈夆亍芪

芶芭芶夕立笣奄三萆㐫萋𠦪𩙿。

其十

趺宕爰𢡟荀𢡟。𥳑𢘿午上七六𢘿句立笆苣

勺𢡟荀𢡟蘮芶𢡟句立笆芍㐌

[illegible] 省

[illegible]

其十一

[illegible] 加 [illegible] 从豆 丏作 [illegible]

[illegible] 作 从丁 多二 [illegible]

[illegible]

[illegible] 正

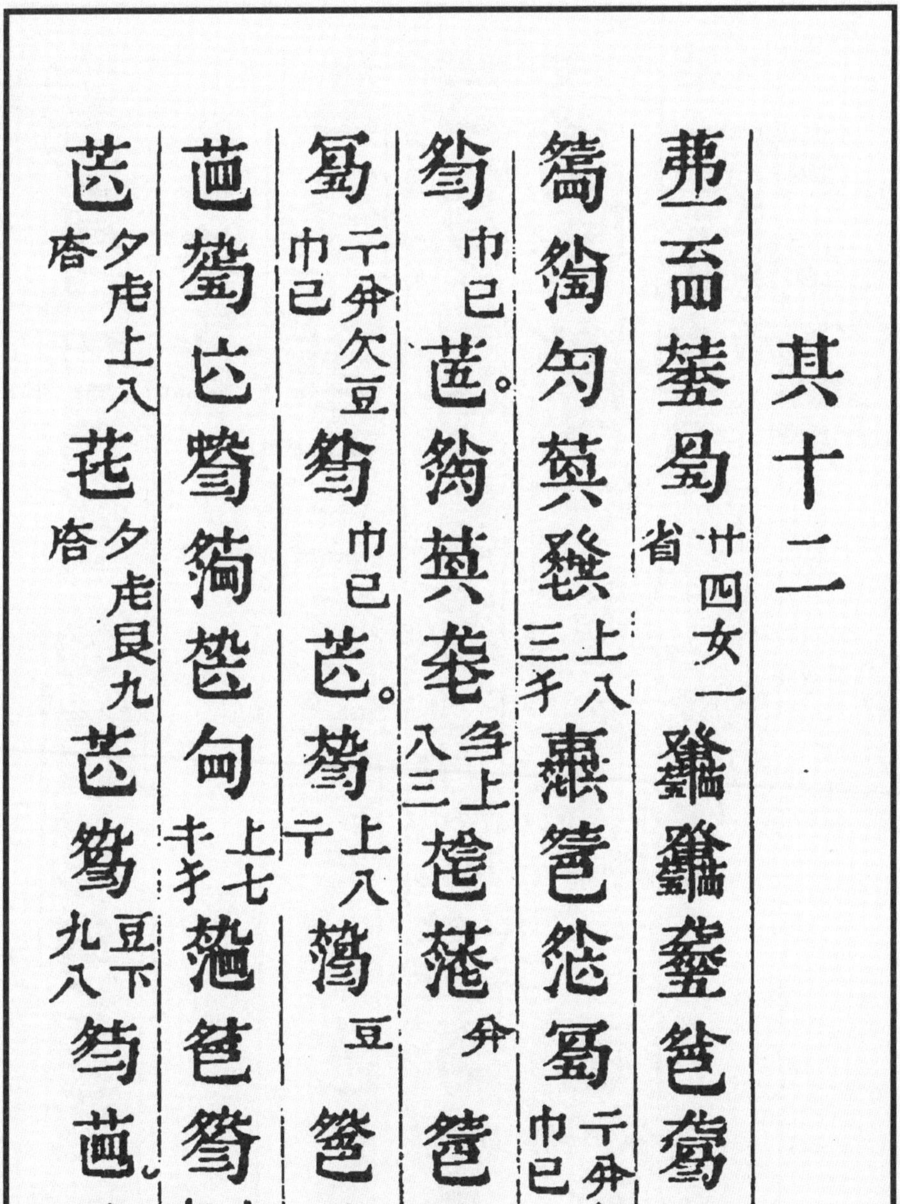

其十二

午上 七六 [illegible] 上七 丰才 [illegible][illegible][illegible] 徐上九又 上八 [illegible][illegible]。

其十三

[illegible][illegible] 团 [illegible]。[illegible][illegible] 上九 与亍 [illegible] 豆 [illegible][illegible][illegible]

[illegible][illegible][illegible][illegible][illegible][illegible] 上十 才 [illegible]。与豆 巾已 [illegible][illegible][illegible]

爰才 [illegible] 巾已 [illegible] 上十 才 [illegible][illegible] 爰才上七 六夿 [illegible] 中庀上七 又上六丰

夿 [illegible] 中庀与艮 七夿 [illegible][illegible]。爰亍上七 徕扣

收音

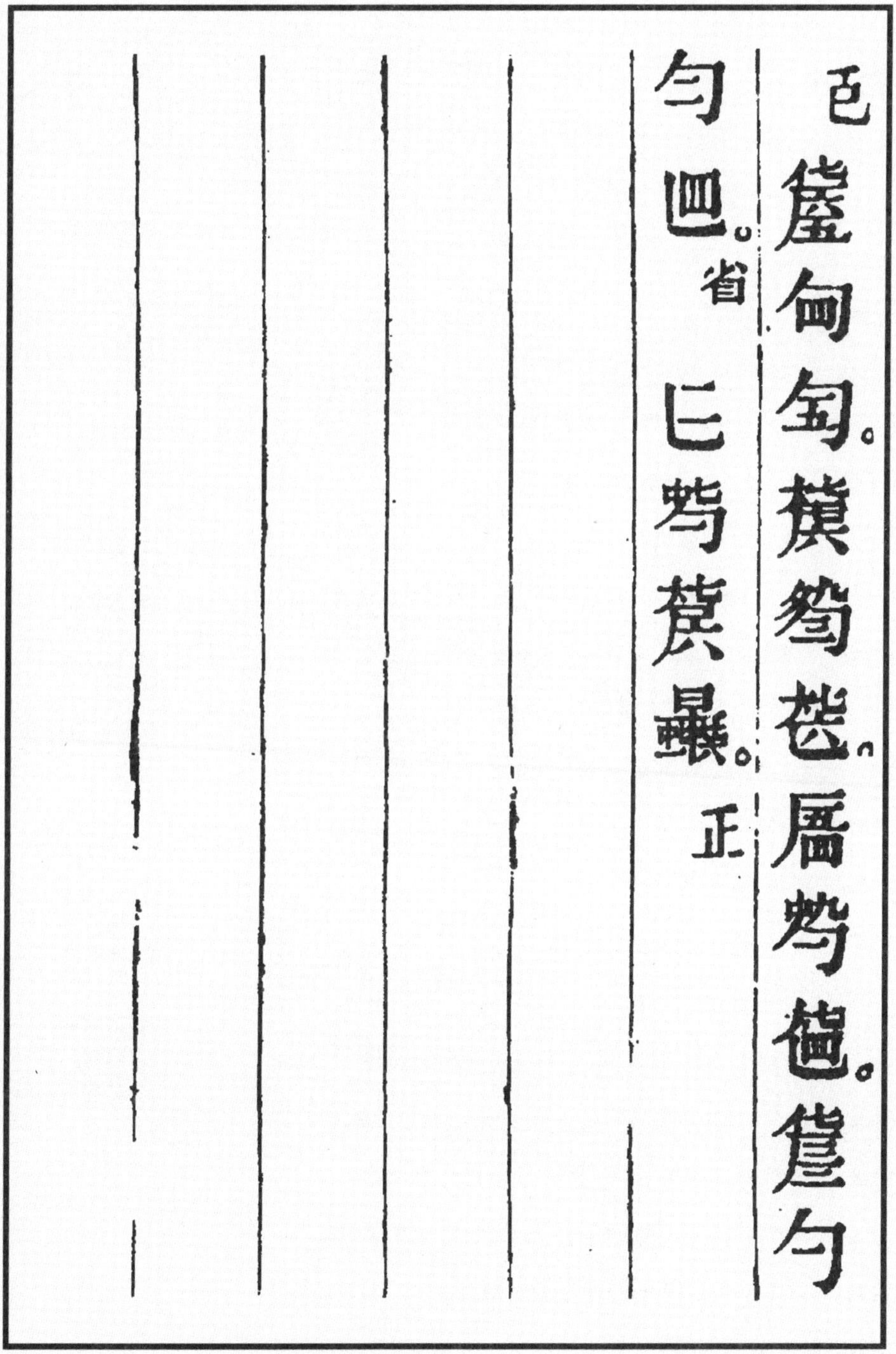

巳
廑句匋。蓂芍笆。屚芍笆。廑勻

勻四。省
巳芍蓂蟲。正

参考文献

[1] 朱权. 神奇秘谱. 明刻本 .

[2] 孔兴诱 . 琴苑心传全编.

[3] 黄燮清. 国朝词综续编.1873(清同治十二年刻本).

[4] 永嘉县志. 刻本.1882(清光绪八年).

[5] 徐世昌. 晚晴簃诗汇. 退耕堂刻本.

[6] 魏了翁. 鹤山先生大全集. 上海商务印书馆缩印嘉业堂藏宋刊本.1921.

[7] 乌斯道. 春草斋集. 民国《四明丛书》本.

[8] 张侃. 张氏拙轩集. 台北: 艺文印书馆,1955.

[9] 沈括. 新校正梦溪笔谈. 胡道静, 校注. 北京: 中华书局,1957.

[10] 杨朝英. 朝野新声太平乐府. 隋树森, 校订. 北京: 中华书局,1958.

[11] 高濂. 玉簪记. 北京: 中华书局,1959.

[12] 司马迁. 史记. 北京: 中华书局,1959.

[13] 班固. 汉书. 北京: 中华书局,1962.

[14] 张炎. 词源注. 夏承焘, 校注. 北京: 人民文学出版社,1963.

[15] 杨荫浏. 中国古代音乐史稿. 北京: 人民音乐出版社,1981.

[16] 周密. 齐东野语. 张茂鹏, 点校. 北京: 中华书局,1983.

[17] 汪元量. 增订湖山类稿. 孔凡礼, 辑校. 北京: 中华书局,1984.

[18] 俞德邻. 佩韦斋辑闻. 北京: 中华书局,1985.

[19] 脱脱, 等. 宋史. 北京: 中华书局,1985.

[20] 刘一清. 钱塘遗事. 上海: 上海古籍出版社,1985.

[21] 徐自明. 宋宰辅编年录校补. 王瑞来, 校补. 北京: 中华书局,1986.

[22] 金启华, 萧鹏. 周密及其词研究. 济南: 齐鲁书社,1993.

[23] 王同轨. 耳谈类增. 吕友仁, 孙顺霖, 校点. 郑州: 中州古籍出版社,1994.

[24] 黄旭东, 伊鸿书, 程源敏, 查克承. 查阜西琴学文萃. 杭州: 中国美术学院出版社,1995.

[25] 萧启庆. 宋元之际的遗民与贰臣. 历史月刊,1996(4).

[26] 陈得芝. 论宋元之际江南士人的思想和政治动向. 南京大学学报(哲学·人文科学·社会科学),1997(2).

[27] 李心传. 建炎以来朝野杂记. 徐规, 点校. 北京: 中华书局,2000.

[28] 方勇. 南宋遗民诗人群体研究. 北京: 人民出版社,2000.

[29] 段学俭, 刘荣平. 张侃三考. 文学遗产,2001(1).

[30] 张其凡. 两宋历史文化概论. 广州: 广东人民出版社,2002.

[31] 衣若芬. "潇湘"山水画之文学意象情境探微. 中国文哲研究集刊,2002(20).

[32] 王国维. 观堂集林. 石家庄: 河北教育出版社,2003.

[33] 衣若芬. "江山如画"与"画里江山"——宋元题"潇湘"山水画诗之比较. 中国文哲研究集刊,2003(23).

[34] 萧启庆. 内北国而外中国: 蒙元史研究. 北京: 中华书局,2007.

[35] 刘克庄. 后村先生大全集. 王蓉贵, 向以鲜, 校点. 成都: 四川大学出版社,2008.

[36] 中国艺术研究院音乐研究所和北京古琴研究会. 琴曲集成. 查阜西, 吴钊, 整理. 北京: 中华书局,2010.

[37] 郑祖襄. 郭沔的生卒年与《潇湘水云》的创作年代. 音乐研究,2010(5).

[38] 袁桷. 袁桷集校注. 杨亮, 校注. 北京: 中华书局,2012.

[39] 章华英. 宋代古琴音乐研究. 北京: 中华书局,2013.

[40] 贾连港. “韩侂胄事迹”的形成及流转. 史学史研究,2014(3).

[41] 宋濂. 宋濂全集. 黄灵庚, 编校. 北京: 人民文学出版社,2014.

[42] 毛钦. 论贾似道奸臣形象的塑造. 天中学刊,2015(6).

[43] 何忠礼, 范立舟, 徐吉军, 葛金芳. 南宋全史. 上海: 上海古籍出版社,2016.

[44] 李超. 韩侂胄的困境与北伐. 广州: 中山大学,2016.

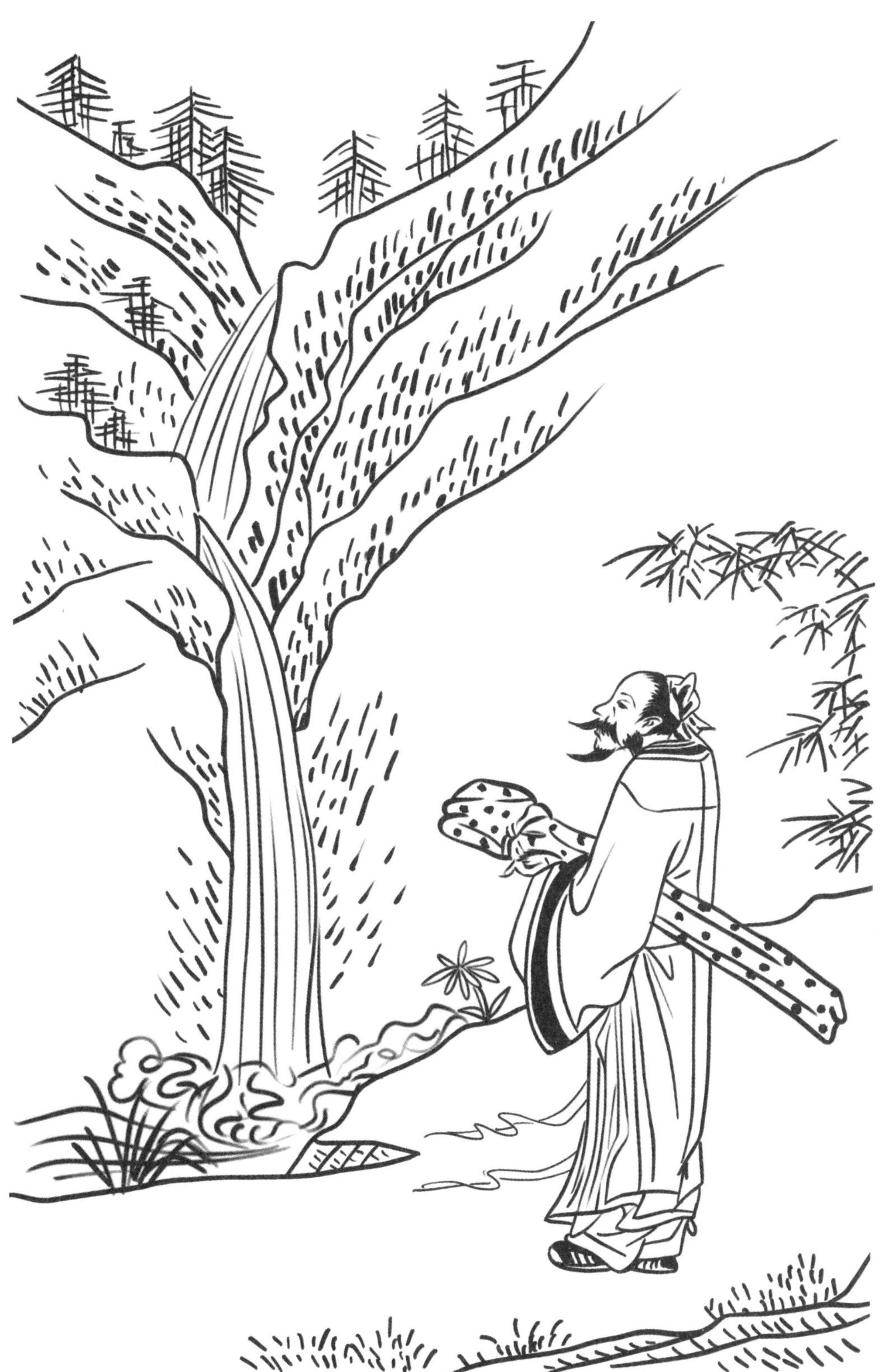

弹琴启蒙

声完绰注须从远。音歇飞吟始用之。
弹欲断弦方得妙。按令入木乃称奇。
轻重疾徐蒙接应。撞猱行走怪支离。
人能会得其中意。指法虽深可尽知。

（明）杨抡《真传正宗琴谱》

弹琴须知

焚香端坐毋头足动摇　左目专眄毋指屈不伸　意闲神静毋躁急疏慵
指坚响圆毋轻摸重攫　绰按当徽毋老不滑脆　迟疾合宜毋弗明句读
节奏中矩毋莫辨猱吟　审曲叶调毋不调入弄　律必完均毋错杂中辍

（明）张廷玉《新传理性元雅》

附：茅毅据《神奇秘谱》打谱并记谱

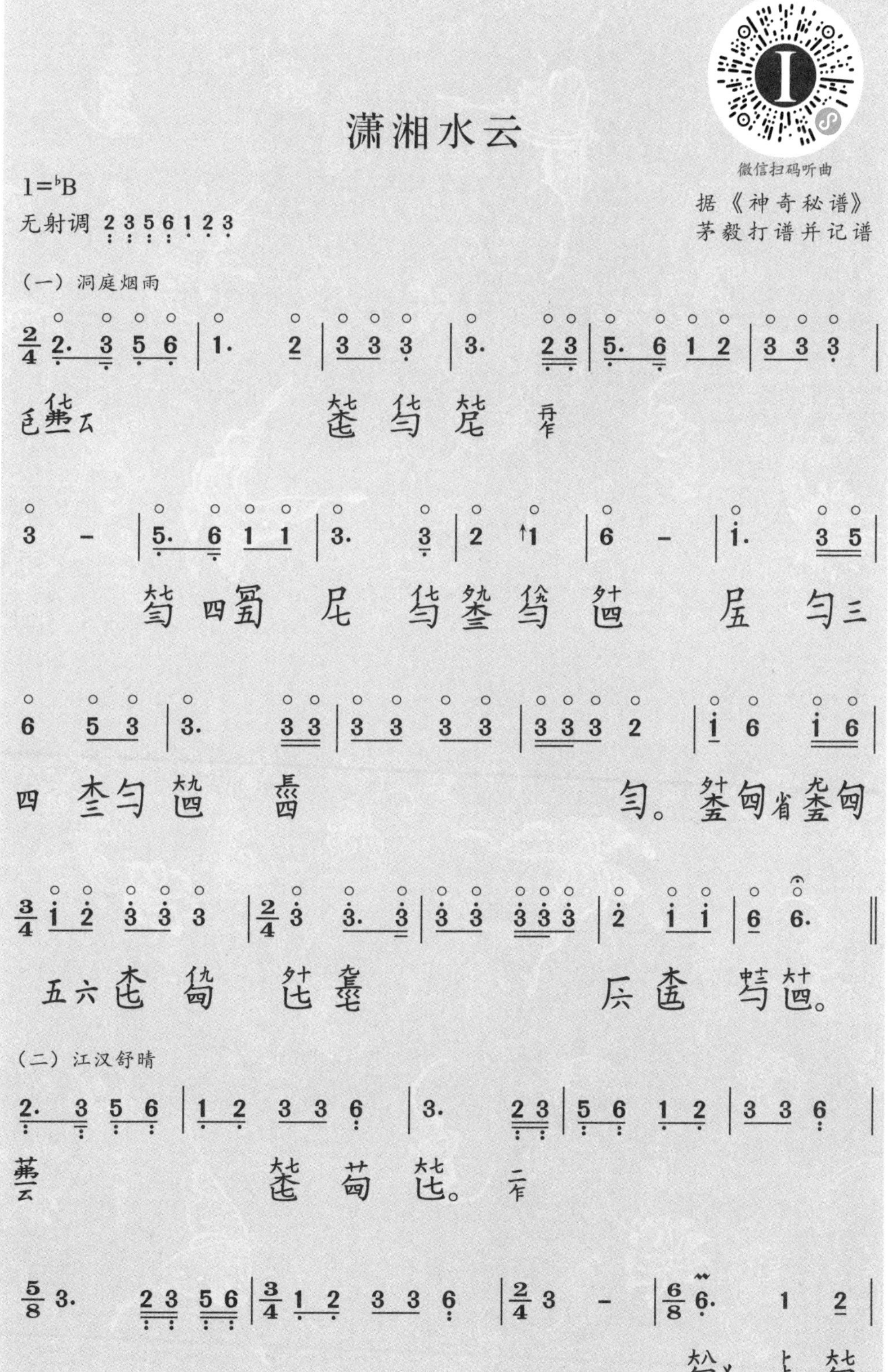

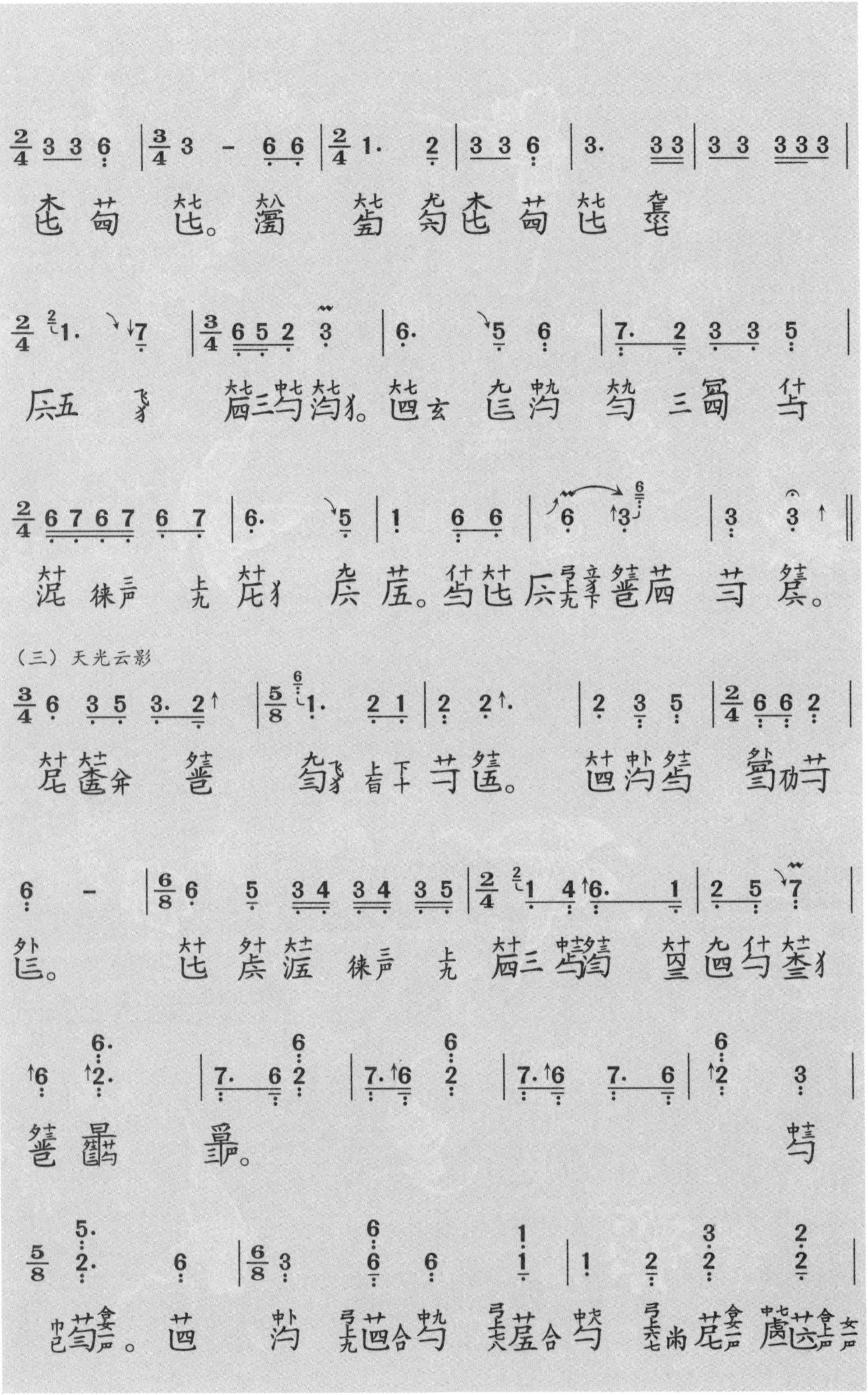

2/4 3 3 6 | 3/4 3 - 6 6 | 2/4 1. 2 | 3 3 6 | 3. 33 | 3 3 333 |

2/4 1. 7 | 3/4 652 3 | 6. 5 6 | 7. 2 3 3 5 |

2/4 6767 6 7 | 6. 5 | 1 6 6 | 6 3 | 3 3 ‖

（三）天光云影

3/4 6 35 3. 2 | 5/8 1. 21 | 2 2. | 2 3 5 | 2/4 66 2 |

6 - | 6/8 6 5 34 34 35 | 2/4 1 4 6. 1 | 25 7 |

6 2. | 7. 6 2 | 7. 6 2 | 7. 6 7. 6 | 2 3 |

5/8 2. 6 | 6/8 3 6 6 1 | 1 2 2 2 |

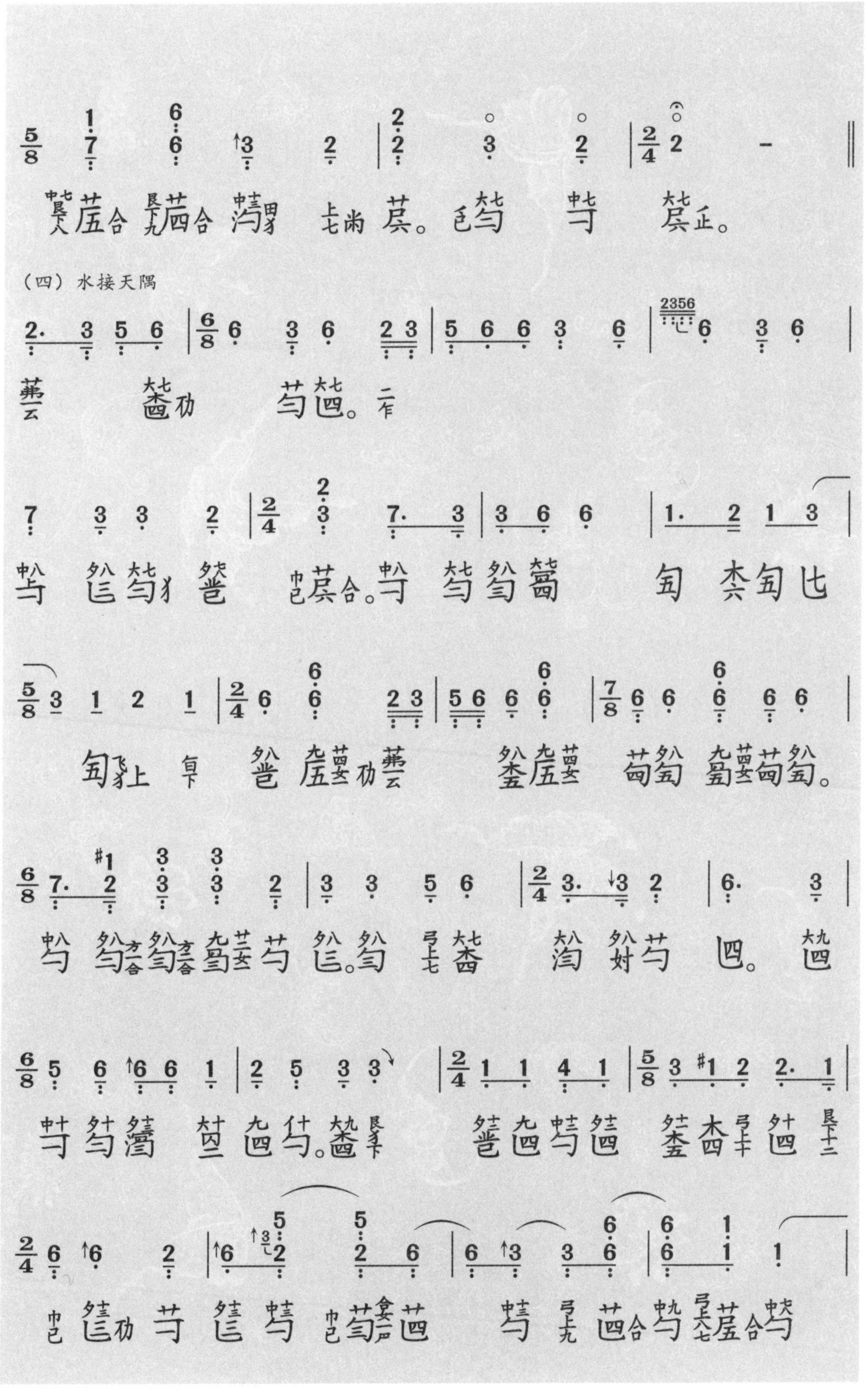

（四）水接天隅

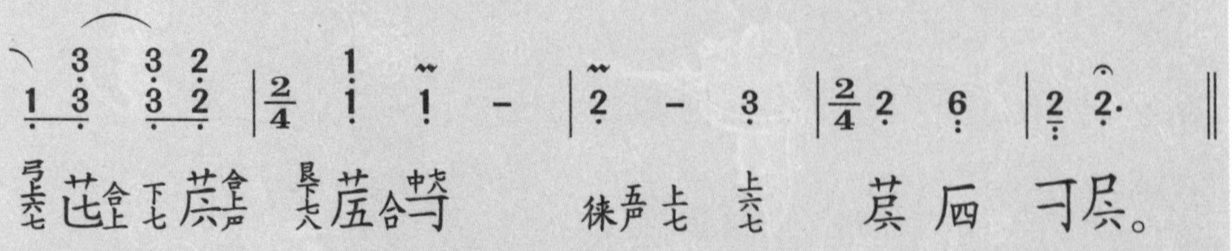

1 3 3 2 | 2/4 1 1 - | 2 - 3 | 2/4 2 6 | 2 2. ‖

（五）浪捲云飞

2 3 | 5 6 1 2 | 6 6 6 | 3/4 6. 2 3 5 6 1 2 | 2/4 6 6 6 |

6. 1 2 | 3 6 2 3 3 | 2 6 | 3 2 3 | 2 1 6 |

6 6 6 2 | 6 6. | 6/8 3 3 3 2 | 2/4 1 2 1 | 3 5 6 |

3 6 2 | 3 #5 | 3 - | 3/4 3 - ♭7. #5 | 3 - ♭7. #5 |

♭7. #5 3 - | 6/8 6 1 1 1. 2 | 3 3 3 2 | 7/8 1 6 2 3. |

6/8 5 3 5 6 | 1 1 3 #5 | 2 5 2 1 5 | 2/4 1 - ‖

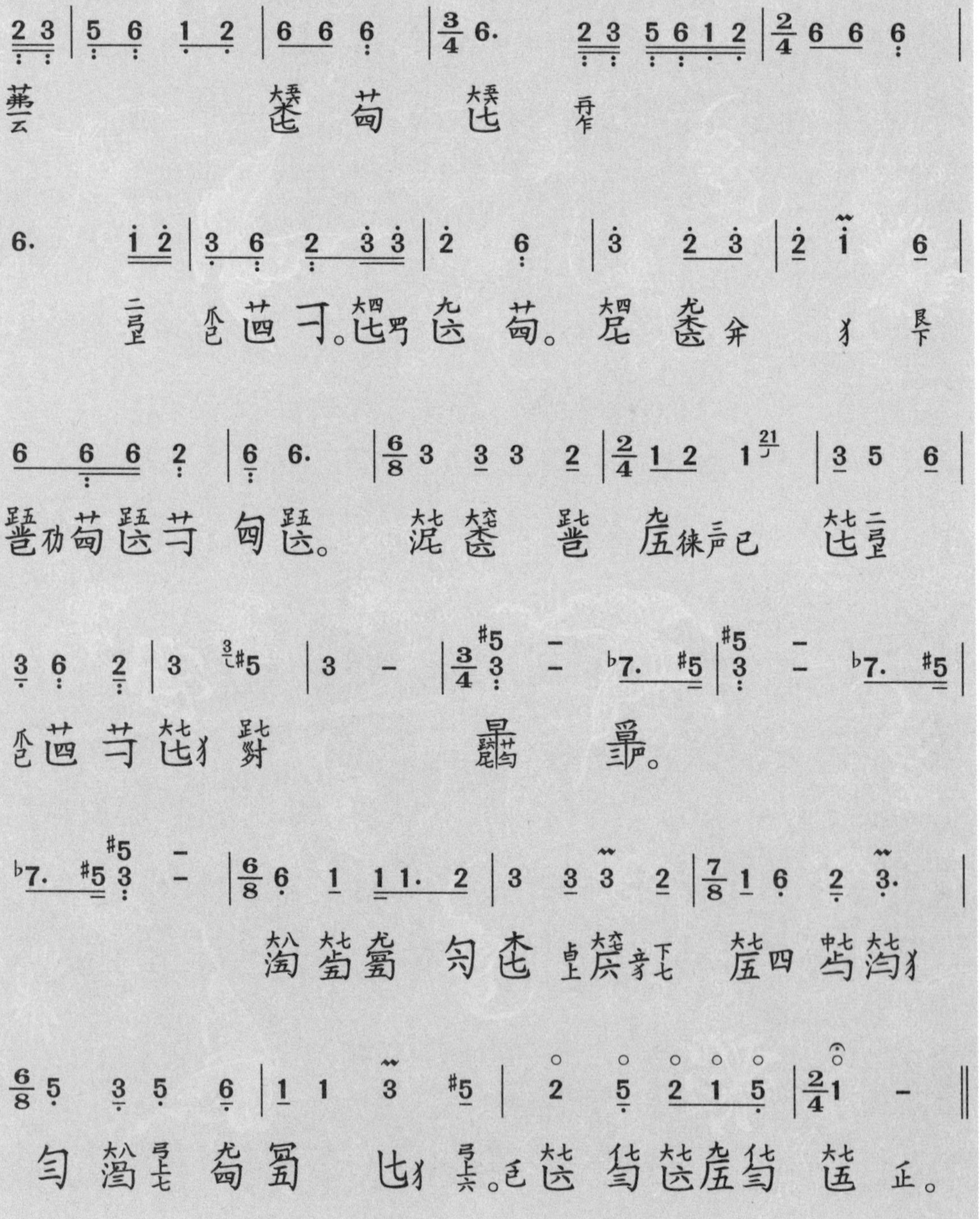

（六）风起水涌

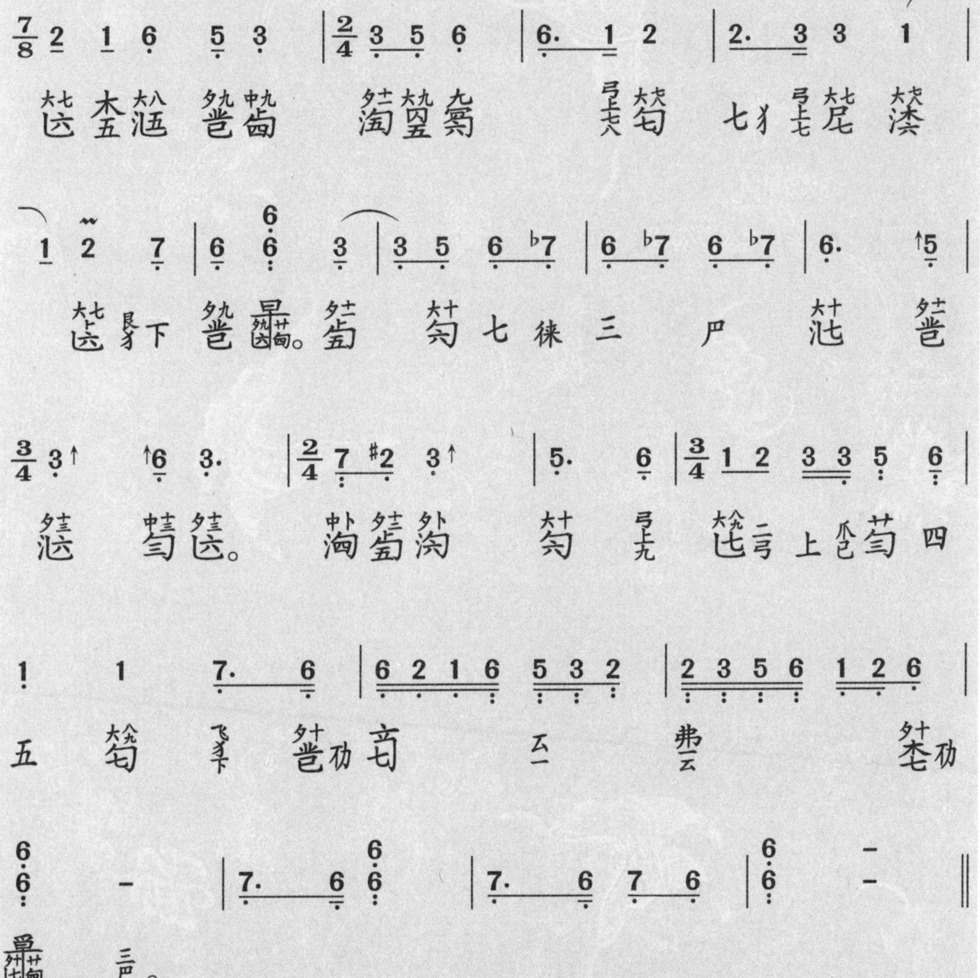

7/8 2 1 6 5 3 | 2/4 3 5 6 | 6· 1 2 | 2· 3 3 1 |

1 2 7 | 6 6 3 | 3 5 6 ♭7 | 6 ♭7 6 ♭7 | 6· ↑5 |

3/4 3↑ ↑6 3· | 2/4 7 ♯2 3↑ | 5· 6 | 3/4 1 2 3 3 5 6 |

1 1 7· 6 | 6 2 1 6 5 3 2 | 2 3 5 6 1 2 6 |

6 – | 7· 6 6 | 7· 6 7 6 | 6 – ‖

（七）水天一碧

6/8 3↑ 5 3 2 | 7 2 3 3 5 | 5/8 ↑6 1 2 3 | 6/8 2 3 2 3 2 1 |

3/4 6 ↑6 2 6 | 5/8 5 3 2 6 | 3 5 6 6 | 2/4 2 ↑6· |

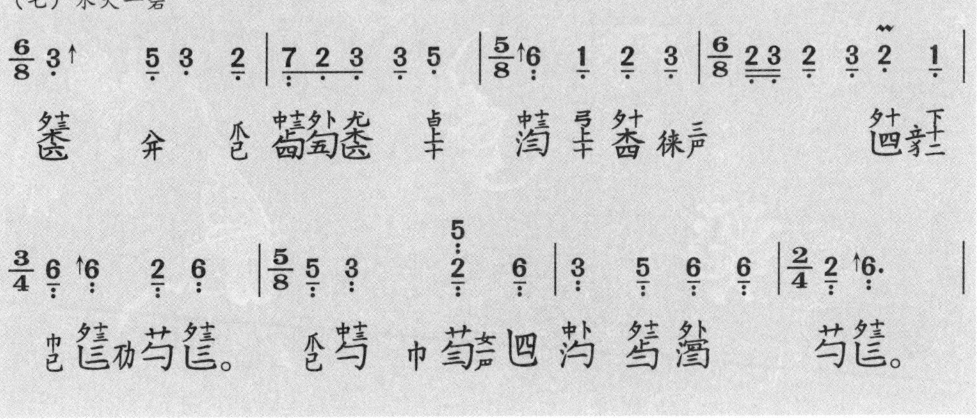

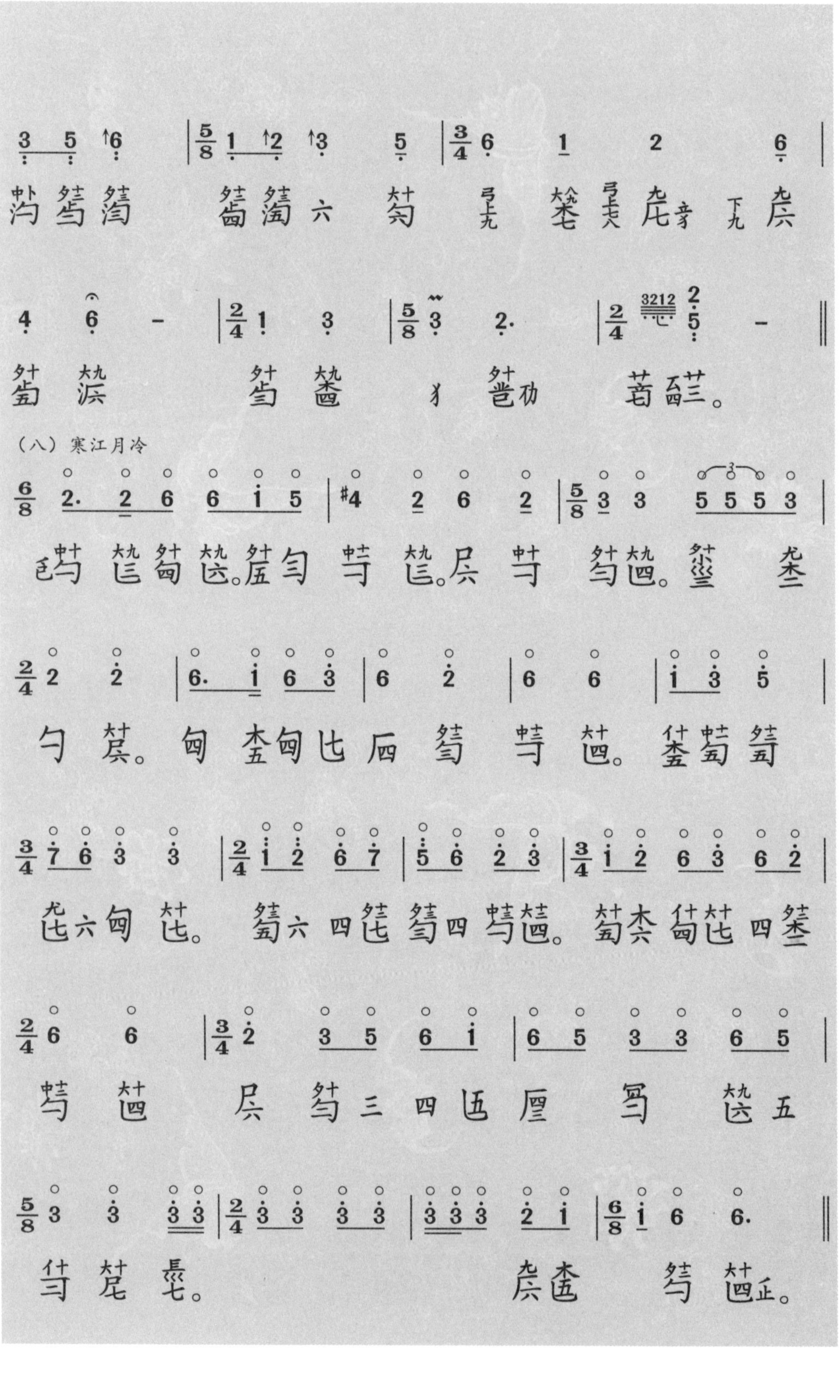

3 5 ↑6 | 5/8 1 ↑2 ↑3 5 | 3/4 6 1 2 6 |

4 6 – | 2/4 1 3 | 5/8 3 2· | 2/4 3212 2/5 – ‖

（八）寒江月冷

6/8 2· 2 6 6 i 5 | #4 2 6 2 | 5/8 3 3 5 5 5 3 |

2/4 2 2 | 6· i 6 3 | 6 2 | 6 6 | i 3 5 |

3/4 7 6 3 3 | 2/4 i 2 6 7 | 5 6 2 3 | 3/4 i 2 6 3 6 2 |

2/4 6 6 | 3/4 2 3 5 6 i | 6 5 3 3 6 5 |

5/8 3 3 3 3 | 2/4 3 3 3 3 | 3 3 3 2 i | 6/8 i 6 6· ‖

（九）万里澄波

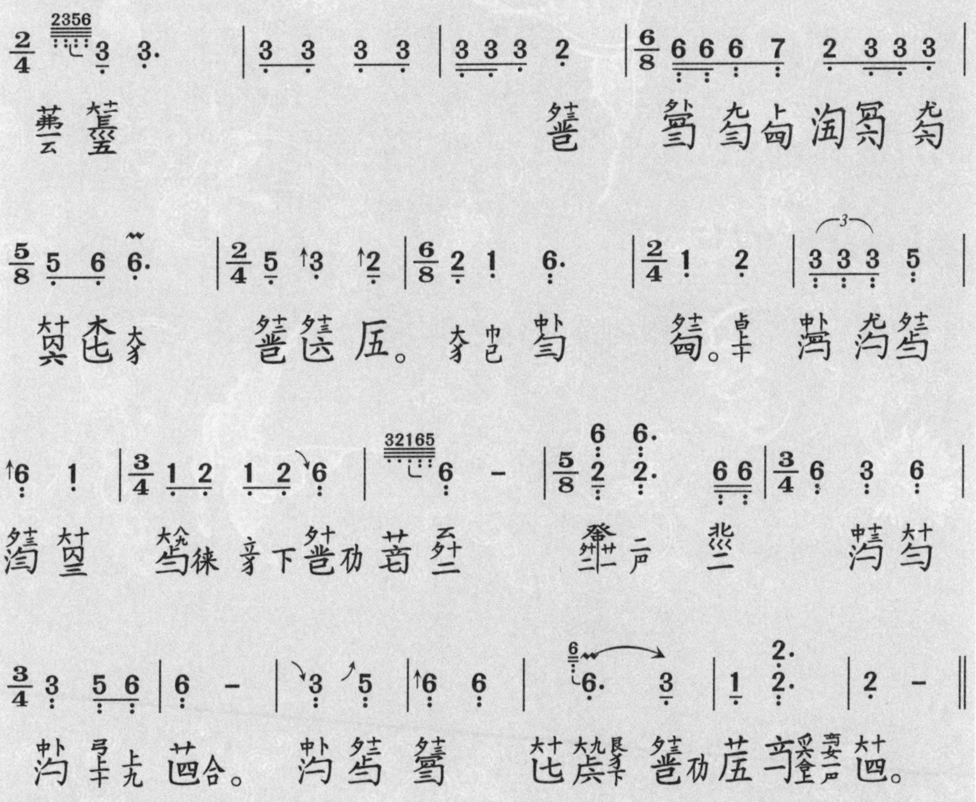

（十）影涵万象

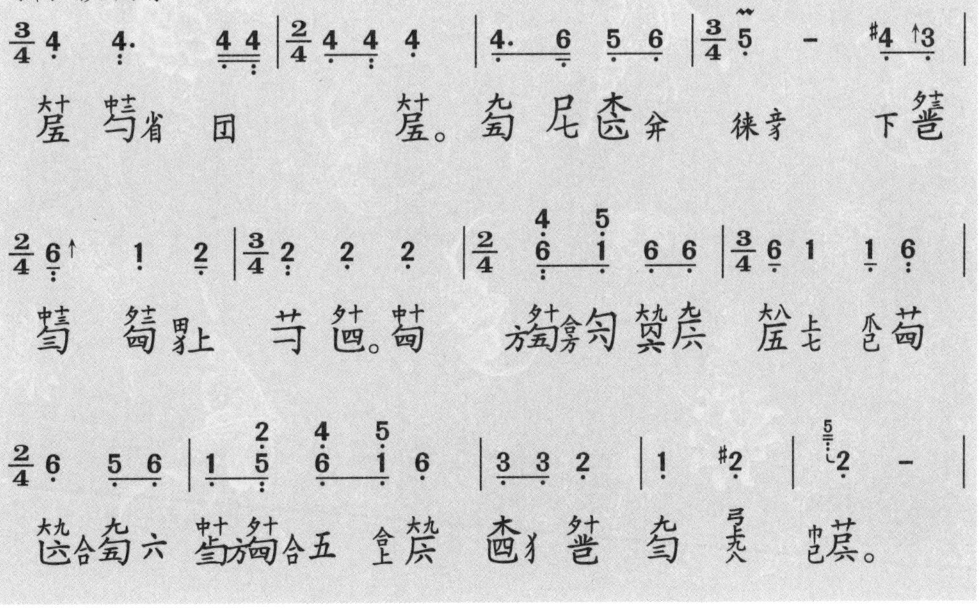

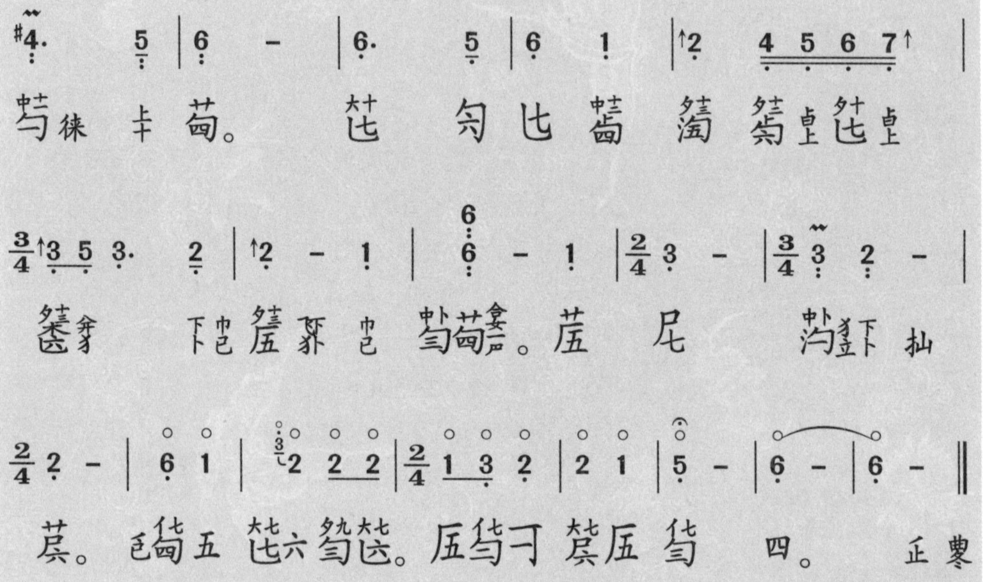

#4· 5 | 6 - | 6· 5 | 6 1 | 2 4 5 6 7 |

3/4 3 5 3· 2 | 2 - 1 | 6 - 1 | 2/4 3 - | 3/4 3 2 - |

2/4 2 - | 6 1 | 2 2 2 | 2/4 1 3 2 | 2 1 | 5 - | 6 - | 6 - ‖

主编简介

刘晓睿

中国传统文化促进会古琴文化艺术委员会副主任（2017—2018），古琴文献研究学者，古琴文献研究室创办人，《琴者》古琴季刊杂志创办人，主持整理出版数本重要古琴工具图书。

2012 年春开始学习古琴，2018 年受教于唐健垣博士、李祥霆教授。2013 年春着手整理古琴文献工作，至今已数年。在此期间，累计整理历代古琴谱书近 220 部，琴曲 4300 余首，指法释义 20000 余条等。

2018 年初开始策划并主持编纂古琴文献系列图书，包括《中国古琴谱集》《明精钞彩绘本：太古遗音》《历代古琴文献汇编 · 琴曲释义卷》《历代古琴文献汇编 · 斫琴制度卷》《历代古琴文献汇编 · 抚琴要则卷》《历代古琴文献汇编 · 琴人琴事卷》《历代古琴曲谱汇考 · 流水》《历代古琴曲谱汇考 · 梅花三弄》《历代古琴曲谱汇考 · 潇湘水云》《历代古琴曲谱汇考 · 广陵散》《历代古琴曲谱汇考 · 阳关三叠》《历代古琴曲谱汇考 · 渔樵问答》《历代古琴曲谱汇考 · 平沙落雁》等。

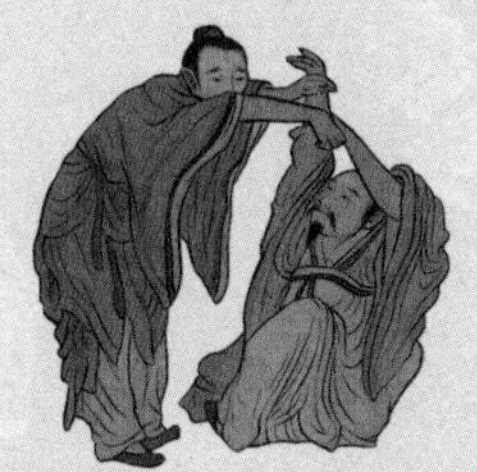
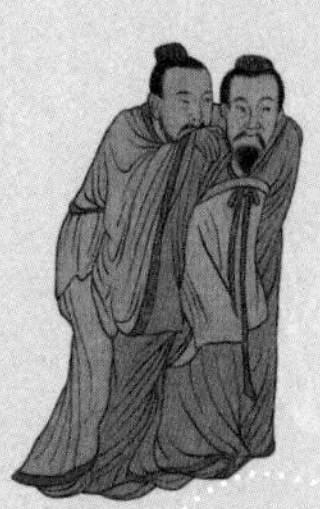
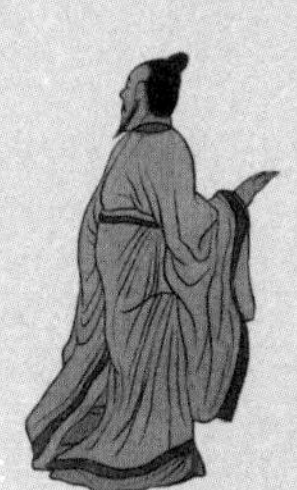

图书在版编目（CIP）数据

潇湘情怀 / 刘晓睿主编 .—南宁：广西美术出版社，2020.12

（图说中国古琴丛书）

ISBN 978-7-5494-2297-5

Ⅰ . ①潇… Ⅱ . ①刘… Ⅲ . ①古琴－研究－中国 Ⅳ . ① J632.31

中国版本图书馆 CIP 数据核字（2020）第 247798 号

图说中国古琴丛书

丛书主编 / 刘晓睿

丛书策划 / 梁秋芬　钟志宏

白　桦　李钟全

潇湘情怀

XIAOXIANG QINGHUAI

主　　编 / 刘晓睿

图书策划 / 钟志宏

责任编辑 / 钟志宏

助理编辑 / 覃　祎

丛书设计 / 石绍康

装帧设计 / 海　靖

责任校对 / 肖丽新

责任监制 / 韦　芳

出版发行 / 广西美术出版社

【南宁市青秀区望园路 9 号】

邮　　编 / 530023

网　　址 / www.gxfinearts.com

印　　刷 / 广西壮族自治区地质印刷厂

开　　本 / 787 mm × 1092 mm　1/16

印　　张 / 9

字　　数 / 180 千

印　　数 / 5000 册

版次印次 / 2020 年 12 月第 1 版第 1 次印刷

书　　号 / ISBN 978-7-5494-2297-5

定　　价 / 68.00 元

《图说中国古琴丛书》

2020 年

高山流水遇知音 1 （已出版）

梅花三弄 2 （已出版）

广陵散 3 （已出版）

潇湘情怀 4 （已出版）

酒狂与流觞 5 （已出版）

阳关三叠 6 （已出版）

2021 年

归去来辞 7

醉渔唱晚 8

忆故人 9

鸥鹭忘机 10

平沙落雁 11

渔樵问答 12

司马相如与卓文君 13

胡笳十八拍 14

龙朔操 15

离骚与屈原 16

庄周梦蝶 17

列子御风 18